融媒体
播音员主持人
训练手册

语音发声晨练手册

YUYIN FASHENG CHENLIAN SHOUCE

曲玮婧 ◎ 编著

中国传媒大学出版社
·北京·

目　录

编者的话

《语音发声晨练手册》是为播音与主持艺术专业学生、播音员、主持人、记者、演员、歌者、教师、商务人士等学习或从事语言工作的人士,在基本功训练方面量身编写的一本书。

普通话语音、发声和肢体语言是语言工作者的专业基本功,为了更好地配合学习者的训练需要,本书遵循练声的顺序,从松弛声带、口部操、发声训练、语音训练、不同文体作品训练、形体训练等环节入手,层层推进,严格选取训练材料。

在发声训练上,本书选取多年来学生使用和业内专家总结的较为有效、提升效果较佳的练习材料;在语音训练上,本书选取简单的文字和词语,确保练习时不出现由于发音拗口、字音不确定等影响练习的内容,从而达到获取较佳训练效果的目的;在文章的选择上,本书选取古诗词、近现代诗词、散文、故事、新闻、主持词、演讲稿等多种文体的稿件进行训练,选取的文章既经典,涉及面又广,且时代性强,旨在让学习者多接触不同类型的文稿,并进行有效的"二度创作"。另外,很多人只注重语音发声基本功的训练,而没有意识到外部形象的重要性。本书在对学习者进行有声语言训练的同时,将站姿、坐姿、手势、表情、走姿等与外部形象有关的训练内容纳入其中,让学习者在身形和气质上也有所提升。

《语音发声晨练手册》是一本帮助学习者达到普通话标准规范、吐字流畅、口齿灵活、气息均匀通畅、声音优美动听、外在气质端庄,能够用有声语言对不同类型、不同体裁的文章进行艺术创作的练习手册。在训练中,学习者可以根据自己的具体情况进行有针对性的单项训练。

"工欲善其事,必先利其器。"练声的过程是一个长时间积累的过程,必须天天坚持,从难从严训练。只有夯实基础,方能在专业领域成大器。

本书对部分篇目录制了标准的音频,学习者只要扫描二维码就可以获得相应部分的音频。

另外,笔者要感谢中国传媒大学出版社对本书的大力支持,感谢中央电视台知名配音员于毅老师与甘肃广播电视总台新闻主播郭薇在音频录制与编辑上的辛苦付出。本书尚有诸多不足之处,恳请大家提出宝贵意见,使其更加完善!

第一章　练声前的准备

对语言工作者来说，练声是非常重要的，是每一个语言工作者必须进行的训练。在练声前需要做一些准备工作才可进行正式的发声训练。

一、练声的原则

（1）练声之前要先做一些全身运动，把身体活动开，使精神和发声器官处于兴奋状态。

（2）练习时要遵循先低后高、先弱后强的原则。前几分钟语速要慢，语调要柔和，然后逐渐升高音或降低音。

（3）每天按照练声顺序进行常规练习。

（4）训练时，用声、用气的幅度要大于平时正常说话的幅度。

除此以外，还可进行专项练习，尤其是在语音、发声、文学作品表达等方面存在问题的学习者。这需要在专业教师的指导下，确认基本问题已经全部改正之后，方可进行精准的专项练习。

二、练声的顺序与内容

(1)松弛声带

(2)口部操

(3)气息训练

胸腹联合式呼吸训练

呼吸控制训练

声音弹性训练

吐字归音训练

共鸣控制训练

综合练习

(4)字词训练

声母训练

韵母训练

声调训练

语流音变训练

(5)不同类型文学作品的表达

(6)形体训练

三、练声的时间

练声时间可以按照个人的作息时间来设定,只要坚持练,每天不间断即可。一般建议进行晨练。正常情况下,练声时间在30—40分钟为宜,具体练习时间可根据当时喉部的状态和嗓子的兴奋度进行适当调整。初学者练声时间不宜过长,每次15—20分钟即可,每天可多练习几次。随着声带承受度的提高,再逐渐增加练声时长，量力而行、循序渐进。

四、练声的地点

练声地点宜选择在噪音小、空气质量好、没有明显回音的地方，比如公园、校园、河边等。室外气候不佳时可选择在室内练声，练声的场地最好不要随意更换。练习时，前方最好有一个固定物体，例如树木、旗杆等，这样有利于培养对象感。

第一节　松弛声带练习

(1)气泡音 30 秒。

(2)搓脸。按摩脸部皮肤 20 秒。

(3)绕颈。颈部顺时针 360°转动 5 次，然后再逆时针 360°转动 5 次。

第二节　口部操练习

一、口腔开合练习

张嘴像打哈欠，闭嘴如啃苹果。

二、咀嚼练习

(1)张口咀嚼。

(2)闭口咀嚼。

(3)张口咀嚼与闭口咀嚼反复交叉练习。

三、双唇练习

发音时，唇部要收拢有力，力量集中在唇中央 1/3 处。

（一）双唇打响

八百标兵（b）

八百标兵奔北坡，炮兵并排北边跑，
炮兵怕把标兵碰，标兵怕碰炮兵炮。

（二）咧

双唇紧闭，尽力向前噘起，然后将嘴角用力向两边伸展（咧嘴），反复进行。

（三）撇

双唇闭紧向前噘起，然后向左歪、向右歪、向上抬、向下压、上下左右 360°旋转。

四、舌头练习

（1）舌尖顶下齿，舌面逐渐上翘。

（2）舌尖在口腔内左右顶口腔壁，先慢后快，越来越快。

（3）舌尖抵上下唇内侧，顺时针转动 10 次，逆时针转动 10 次。

（4）舌尖伸出口外腔，向前、左右、上下做伸够动作。

（5）舌尖与上齿龈接触打响 10 次。

(6)舌尖与硬腭接触打响,发 da、ta、zha、cha 时要读得清晰、轻巧。

打特盗(d)

调到敌岛打特盗,特盗太刁投短刀,
推挡顶打短刀掉,踏盗得刀盗打倒。

(7)舌根与软腭接触打响 10 次。

过宽沟(g、k)

哥挎瓜筐过宽沟,赶快过沟看怪狗。
光看怪狗瓜筐扣,瓜滚筐空哥怪狗。

(8)舌在口腔内左右立起,每侧立 15 秒。

第三节 口腔开合练习

(一)提颧肌

(1)颧肌主动上提,口腔和鼻腔展宽,保持微笑的感觉。
(2)横咬一根筷子。

(二)打牙关

半打哈欠,将口腔打到最大开度,闭合时如咀嚼苹果。

(三)挺软腭

下巴放松,用手指固定下巴,不让其上下移动;软腭上挺,口腔内部有竖起一个鸭蛋的感觉。

(四)松下巴

自然放松喉部肌肉,感受日常牙疼时下巴松弛的感觉,微收下巴。

第二章　普通话发声训练

第一节　胸腹联合式呼吸训练

一、慢吸慢呼

(一)慢吸练习

闻花香：仿佛远处飘来一股花香，慢慢地吸上一口芳香的空气，气息自然、平稳、深入。

(二)慢呼练习

1.吹桌面灰

呼气时，将嘴唇撮圆、撮小。想象面前有一张满是灰尘的桌子，轻轻将灰吹走，又不把灰吹到脸上和衣服上。

2.数数

(1)1、2、3、4……(以秒为单位)

(2)一口气，每数十个数字即停一秒钟，然后继续往下数。注意，中间不能换气。

(3)一口气数十个数字,然后深吸一口气,继续往下数。

二、快吸慢呼

(一)快吸练习

(1)出现意想不到的画面时会快而短促地吸一口气,即惊讶式吸气。

(2)准备抬起重物前,深吸一口气。

(二)慢呼练习

1.吹蜡烛

模拟吹灭生日蜡烛。与点燃的蜡烛距离一尺远,深吸一口气后均匀缓慢地吹气,把它吹灭。

2.发“si”

深吸一口气,从牙缝中发出“si(咝)……”“wu(唔)……”声,力求气息平稳、均匀、持久。

3.绕口令练习

读绕口令时,一口气读100个字以上,中间不换气。每次感觉气不够时,都要努力再坚持一下,尽量多读几个字,更好地体会腹部用力、控制气息的感觉。

(1)数枣

出东门,过大桥,大桥底下一树枣,拿着杆子去打枣,青的多,红的少。一个枣、两个枣、三个枣、四个枣、五个枣、六个枣、七个枣、八个枣、九个枣、十个枣,十个枣、九个枣、八个枣、七个枣、六个枣、五个枣、四个枣、三个枣、两个枣、一个枣，这是一个绕口令，一口气说完才算好。

(2)数葫芦

金葫芦、银葫芦，一口气数不了二十四个葫芦，一个葫芦、两个葫芦、三个葫芦……(一口数下去，看看你能数到几个葫芦)

三、运动练气

(1)慢跑。跑步过程中，寻找气息下沉到小腹的感觉，呼气要稳，尽量不出现喘息声。慢跑的过程中可同时进行诗歌朗诵或者数数练习。

(2)运动3分钟后朗读一段文章，注意控制此时的气息，做到气息稳定。

(3)狗喘气练习。指口腔自然张开，放松喉头，像狗喘气一样的练气方法。这种深吸快呼方法能有效地练习气息伸缩与呼吸肌群。

第二节　呼吸控制训练

一、强控制训练

(1)寻找京剧老生笑的感觉，一口气绷足，先慢后快地弹发"哈……哈……(反复)(加快)哈，哈，哈……"锻炼横膈膜的上下运动。

(2)一口气绷足，反复弹发"hei、ha、hou"，逐渐加快，感受膈肌的变化。

(3)发 peng- pa- pi- pu- pai,体会气息的上下贯通。

(4)一口气托住,嘴里快速发出“噼里啪啦,噼里啪啦……”,直到气竭,反复 4—6 次。

二、弱控制训练

(1)深呼吸,均匀呼气缓慢地发 ai、uai、uang、iang4 个音。

(2)夸大声调,延长发音,控制气息。

和蔼可亲	h–é	ǎi	k–ě	q–īn
如愿以偿	r–ú	yuàn	y–ǐ	ch–áng
山清水秀	sh–ān	q–īng	sh–uǐ	x–iù

第三节　声音弹性训练

一、绕音练习

分别发 a、i 音,由低至高呈螺旋式上升,再由高至低呈螺旋式下降。

二、喊“小兰”

根据不同的场景,练习声音的虚实、高低、大小、远近等。

(1)小兰在身边,说悄悄话叫“小兰……”

(2)小兰在房间里,叫“小兰……”

(3)小兰没在房间,边找边喊“小兰……”

(4)小兰在外面玩,喊她回家“小兰……”

(5)小兰在河边,怕她出问题,着急地喊“小兰……”

做以上练习时注意：第一，吸气要轻松自然，不耸肩，不出现吸气杂音。第二，呼气要逐渐收紧腰腹，用收缩的力量控制呼气发声。培养松弛、深入、下沉的吸气和均匀、有节制的呼气方式。

第四节　吐字归音训练

一、吐字训练

（一）喷口字训练

主要以含双唇音 b、p 的字为主，训练双唇的喷吐力。

吃葡萄

吃葡萄不吐葡萄皮，不吃葡萄倒吐葡萄皮。

（二）弹舌字训练

主要以含舌尖中音 d、t 的字为主，训练舌尖的弹射力。

炖冻豆腐

会炖我的炖冻豆腐，来炖我的炖冻豆腐。
不会炖我的炖冻豆腐，就别胡炖乱炖，炖坏了我的炖冻豆腐。

（三）舌根字训练

主要以舌根音 g、k、h 的字为主，训练舌根的力度。

哥哥捉鸽

哥哥过河捉个鸽，
回家割鸽来请客。
客人吃鸽称鸽肉，
哥哥请客乐呵呵。

(四)牙音字训练

主要以舌面音j、q、x的字为主，训练牙的咬合控制力。

稀奇

稀奇稀奇真稀奇，麻雀踩死老母鸡，
蚂蚁身长三尺六，八十岁的老头儿躺在摇篮里。

(五)齿音字训练

主要以舌尖音z、c、s、zh、ch、sh的字为主，训练舌尖力量的集中。

四和十

四是四，十是十，
十四是十四，四十是四十。

二、归音训练

(一)抵腭

前鼻韵尾-n作字尾，发音过程完成时，舌尖要抵住上齿龈。

因　宾　三　山　蓝　喷　门　身　陈　男

（二）穿鼻

后鼻韵尾-ng 作字尾，发音过程完成时，声音穿鼻而出，但穿鼻不能过早，以免影响“枣核形”。

英　丙　名　零　昂　棒　螃　蓬　濛　风

（三）展唇

ai 作字尾时，要展开唇角，呈微笑状。

百　派　来　摘　该　晒　开　在　柴　爱

（四）敛唇

o、u 作字尾时，聚敛双唇。

丢　牛　谬　拖　落　过　偶　后　某　口

第五节　共鸣控制训练

一、胸腔共鸣练习

（1）用高、中、低三个声区来发出单元音 a、o、e、i、u、ü 的延长音，体会上下贯通的共鸣状态。发音时，把手放在胸前，体会不同声区胸腔共鸣的强弱。

（2）发上声时，要有胸腔振动的感觉，可以发慢一些，如 mǐ、hǎi、niǎo、guǒ。

（3）发 hei、ha、hou 时，由低到高一声声弹发，体会声音从胸部弹发出来的感觉，胸部响点（也称胸部支点）随着声音高低的弹发而上下移动。

二、口腔共鸣练习

（一）打哈欠

像打哈欠一样，轻松自然，打开牙关，提起软腭，但不要关闭口腔，一直保持该动作不变。

（二）软腭升降

张大嘴巴，软腭部位交替收紧上挺和放松降下。

（三）字词训练

该（gāi）　给（gěi）　凯（kǎi）　壳（ké）　光（guāng）
慧（huì）　孩（hái）　杭（háng）　喊（hǎn）　恒（héng）

三、鼻腔共鸣训练

鼻腔共鸣是通过软腭的变化来实现的。软腭上挺或放松能减少或增加鼻腔共鸣，即软腭挺起，鼻腔共鸣就会减少；软腭下垂，鼻腔共鸣则会增加。声母 m、n 和韵尾-n、-ng 都会用到鼻腔共鸣。

（一）鼻辅音+元音练习

ma—mi—mu　　na—ni—nu

(二)词组练习

妈妈　内蒙　明媚　命名　想象　荡漾

光芒　阳刚　洋装　荒凉　中央　接纳

(三)绕口令练习

两只猫

白猫黑鼻子,黑猫白鼻子;

黑猫的白鼻子,碰破了白猫的黑鼻子。

白猫的黑鼻子破了,剥了秕谷壳儿补鼻子;

黑猫的白鼻子不破,不剥秕谷壳儿补鼻子。

第六节　综合练习

蛤蟆跳水

一只青蛙一张嘴,两只眼睛四条腿,扑通一声跳下水。两只青蛙两张嘴,四只眼睛八条腿,扑通扑通跳下水。三只青蛙三张嘴,六只眼睛十二条腿,扑通扑通扑通跳下水。四只青蛙四张嘴,八只眼睛十六条腿,扑通扑通扑通扑通跳下水。五只青蛙五张嘴,十只眼睛二十条腿,扑通扑通扑通扑通扑通跳下水。

十道黑

一道黑,两道黑,三四五六七道黑,八道九道十道黑。我买了一个烟袋乌木杆儿,我是掐着它的两头那么一道黑。二兄弟描眉来演戏,瞧着他的镜子两道黑。粉皮墙上写“川”字,横瞧竖瞧三道黑。象牙桌子乌木腿儿,把它放在那个坑上那么四道黑。买了一只母鸡不下蛋,把它搁在那个笼里捂到黑。挺好的骡子不吃草,把它牵在那个街上遛到黑。买了一头小驴不套磨,把它背上它的鞍子骑到黑。小嘎子南洼去割菜,丢了他的镰刀拔到黑。月科儿的小孩儿得了病,团几个艾球灸到黑。卖瓜子儿的打瞌睡,哗啦啦撒了那么一大堆,他的扫帚、簸箕不凑手,那么一个儿一个儿拾到黑。

第三章　普通话语音训练

第一节　普通话语音概论

普通话是以北京语音为标准音,以北方话为基础方言,以典范的现代白话文著作为语法规范的现代汉民族共同语。

语音发声的基本概念涉及声、韵、调三部分:

一、声母

声母一般是由辅音充当的,位于音节的开头。辅音的特点是发音短促、音势弱,很容易受到干扰,从而出现“吃字”现象。有些音节没有辅音声母,则称之为零声母。普通话中有 21 个辅音声母。

二、韵母

韵母是汉语音节中声母后边的部分。韵母一般由韵头、韵腹和韵尾三部分组成。普通话中有 39 个韵母。

三、声调

声调是汉语音节所固有的，可以区别声音的高低、升降、曲直、长短的变化。普通话中有 4 个声调。

汉语普通话发音器官主要包括唇、舌、软腭、硬腭等，具体见图 3-1。

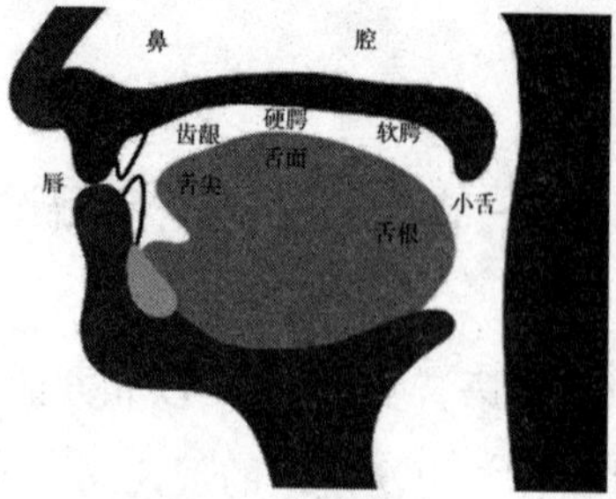

图 3-1　发音器官图

第二节　普通话声母发音训练

一、普通话声母概述及分类

普通话共有 21 个辅音声母：b、p、m、f、d、t、n、l、g、k、h、j、q、x、zh、ch、sh、r、z、c、s。按照发音位置，可将之分为双唇音、唇齿音、舌尖中音、舌根音、舌面音、舌尖后音、舌尖前音，具体发音部位如表 3-1 所示：

表 3-1　普通话声母及发音部位

发音位置	声母	发音部位
双唇音	b、p、m	上唇、下唇
唇齿音	f	上齿、下唇
舌尖中音	d、t、n、l	舌尖、齿龈
舌根音	g、k、h	舌根、软腭
舌面音	j、q、x	舌面、硬腭
舌尖后音	zh、ch、sh、r	舌尖、硬腭前
舌尖前音	z、c、s	舌尖、下齿龈

二、普通话声母发音与训练

（一）双唇音（b、p、m）

双唇音示范

1.发音练习

b

发音方法：发音时，双唇紧闭，阻碍气流，然后双唇突然放开，让气流从唇中部 1/3 处冲出，读音轻短。

单音节：巴　摆　保　奔　帮　比　别　表　冰　布

双音节：背包　奔波　标榜　表白　步兵

八宝　版本　臂膀　宝贝　褒贬

四音节：别具一格　宾至如归　波澜壮阔

博学多才　包罗万象　捕风捉影

p

发音方法：发音状态与 b 相似，只是气流冲出力度稍强。

单音节：怕　排　炮　攀　胖　蓬　漂　聘　婆　喷

双音节：批判　匹配　品牌　拼盘　乒乓

琵琶　偏僻　攀爬　澎湃　偏旁

四音节：披星戴月　疲于奔命　迫在眉睫

扑朔迷离　鹏程万里　破釜沉舟

m

发音方法：发音时，双唇紧闭，气流从鼻腔出来，打开双唇成音。

单音节：妈　买　梅　眸　慢　忙　蒙　渺　免　民

双音节：买卖　满面　盲目　美貌　明媚

牧民　秘密　麻木　梦寐　磨灭

四音节：美中不足　门庭若市　绵里藏针

妙手回春　名落孙山　麻木不仁

2.b 和 p 的对比练习

被俘—佩服　毕竟—僻静　半途—叛徒

背脊—配给　备件—配件　逼视—批示

火爆—火炮　七遍—欺骗　黑白—黑牌

3.绕口令练习

巴老爷芭蕉树(b)

巴老爷有八十八棵芭蕉树，

来了八十八个把式要在巴老爷八十八棵芭蕉树下住。

巴老爷拔了八十八棵芭蕉树，

不让八十八个把式在八十八棵芭蕉树下住。

八十八个把式烧了八十八棵芭蕉树，
巴老爷在八十八棵树边哭。

炮兵攻打八面坡（b、p）

炮兵攻打八面坡，
炮兵排排炮弹齐发射。
步兵逼近八面坡，
歼敌八千八百八十多。

白庙和白猫（m）

白庙外蹲一只白猫，
白庙里有一顶白帽。
白庙外的白猫看见了白帽，
叼着白庙里的白帽跑出了白庙。

（二）唇齿音（f）

1.发音练习

唇齿音示范

f

发音方法：上齿和下唇接触形成阻碍，气流从唇齿间的窄缝中摩擦而出，声带不颤动。

单音节：发　费　佛　范　方　风　富　逢　反　非

双音节：反复　房费　非法　防风　仿佛
　　　　奋发　夫妇　复方　反腐　纷繁

四音节：翻天覆地　防微杜渐　风驰电掣
　　　　釜底抽薪　纷至沓来　发扬光大

2.绕口令练习

化肥会挥发(f)

黑化肥发灰,灰化肥发黑。
黑化肥发灰会挥发,
灰化肥挥发会发黑。
黑化肥挥发发灰会花飞;
灰化肥挥发发黑会飞花。

舌尖中音示范

(三)舌尖中音(d、t、n、l)

1.发音练习

d

发音方法:发音时,舌尖中部与上齿龈接触形成阻碍,气流从口腔发力冲出,爆发成音。

单音节:搭 到 旦 顿 等 敌 蝶 电 督 夺

双音节:达到 大地 当代 导弹 道德
等待 调度 动荡 对待 独断

四音节:单枪匹马 当机立断 颠沛流离
独出心裁 短兵相接 东山再起

t

发音方法:发音部位和发音方法与d相似,发音时从口腔迸出较强、较多的气流,有一种喷发的感觉。

单音节:他 特 台 透 烫 替 跳 天 亭 土

双音节:抬头 贪图 体态 听筒 团体

吞吐　妥帖　探听　通途　铁蹄

四音节：泰然自若　谈笑风生　叹为观止

天长地久　铁石心肠　推波助澜

n

发音方法：舌尖抵住上齿龈，气流从鼻腔通过，同时冲开舌尖的阻碍，声带颤动。

单音节：奴　闹　奶　内　挠　男　嫩　腻　能　鸟

双音节：拿捏　奶牛　南宁　男女　恼怒

能耐　呢喃　泥泞　扭捏　农奴

四音节：耐人寻味　南腔北调　逆来顺受

能屈能伸　拈轻怕重　拿手好戏

l

发音方法：发音时，嘴唇稍开，舌尖顶上齿龈，声带颤动，气流从舌两边流出。

单音节：拉　勒　来　类　劳　漏　懒　料　溜　练

双音节：拉力　来历　兰陵　老路　履历

铃兰　伶俐　笼络　玲珑　嘹亮

四音节：劳燕分飞　乐不思蜀　冷眼旁观

龙腾虎跃　琳琅满目　老当益壮

2.对比练习

(1)d 和 t 的对比练习

地带—替代　盗取—套曲　怠慢—太慢

兑换—退换　吊车—跳车　抵制—体制

赌注—土著　调动—跳动　动机—痛击

(2)n 和 l 的对比练习

千年—牵连　恼怒—老路　留念—留恋

难住—拦住　门内—门类　南部—蓝布

浓重—隆重　无奈—无赖　泥浆—漓江

3.绕口令练习

东洞庭,西洞庭(d、t)

东洞庭,西洞庭,
洞庭山上一根藤,
藤条头上挂铜铃。
风吹藤动铜铃响,
风停藤定铜铃静。

白石塔(d、t)

白石塔,白石搭,
白石搭白塔,白塔白石搭,
搭好白石塔,白塔白又大。

牛郎恋刘娘(n、l)

牛郎恋刘娘,刘娘念牛郎,
牛郎年年恋刘娘,
刘娘年年念牛郎。
郎恋娘来娘念郎。

蓝教练与吕教练(n、l)

蓝教练是女教练，吕教练是男教练，
蓝教练不是男教练，吕教练不是女教练。

(四)舌根音(g、k、h)

舌根音示范

1.发音练习

g

发音方法：发音时，舌头后缩，舌根隆起顶住软腭，软腭后部上升，阻塞鼻腔通络，除阻时，气流冲破舌根的阻碍，爆发成音。

单音节：该　给　够　敢　根　纲　顾　瓜　郭　旮

双音节：故宫　更改　规格　改革　尴尬
　　　　公共　观光　灌溉　广告　骨干

四音节：孤芳自赏　过眼云烟　攻守同盟
　　　　各奔前程　肝胆相照　根深叶茂

k

发音方法：发音时，发音部位及发音方法与 g 基本相似，不同点在于 k 突破舌根阻碍时气流较多、较强，呈喷发状态。

单音节：客　凯　考　看　康　酷　夸　快　宽　坤

双音节：开课　开阔　慷慨　苛刻　可靠
　　　　刻苦　宽阔　可控　空旷　开垦

四音节：开天辟地　可歌可泣　刻舟求剑
　　　　空前绝后　脍炙人口　旷日持久

h

发音方法：发音时，舌头后缩，舌根隆起，舌高点对着软腭，形成窄缝，气流从缝中挤出，摩擦成音。

单音节：哈　喝　黑　海　后　航　华　火　会　欢

双音节：海河　航海　豪华　好汉　火红

辉煌　浩瀚　绘画　合欢　荷花

四音节：汗马功劳　豪情壮语　海誓山盟

画龙点睛　浑身是胆　沆瀣一气

2.对比练习

(1)g 和 k 的对比练习

骨干—苦干　河谷—何苦　鼓励—苦力

歌谱—科普　工匠—空降　挂上—跨上

个体—客体　感伤—砍伤　烛光—竹筐

(2)f 和 h 的对比练习

开方—开荒　防空—航空　幅度—弧度

复员—互援　防止—黄纸　开发—开花

公费—工会　飞机—灰鸡　伏案—湖岸

3.绕口令练习

老爷堂上一面鼓(g)

老爷堂上一面鼓，鼓上一只皮老虎，
皮老虎抓破了鼓，就拿块破布往上补，
只见过破布补破裤，哪见过破布补破鼓？

过宽沟(g、k)

哥挎瓜筐过宽沟，
赶快过沟看怪狗。
光看怪狗瓜筐扣，
爬滚筐空哥怪狗。

画凤凰(f、h)

粉红墙上画凤凰，
凤凰画在粉红墙。
红凤凰、粉凤凰，
红粉凤凰、花凤凰。

(五)舌面音(j、q、x)

舌面音示范

1.发音练习

j

发音方法：发音时，舌尖抵住下齿背，舌面前部抵住硬腭前部，气流从窄缝中冲出，摩擦成音。

单音节：鸡　家　节　脚　旧　涧　京　居　倔　娟

双音节：积极　集结　即将　寂静　家教
　　　　寄居　简洁　佳节　拮据　经济

四音节：家喻户晓　九霄云外　饥不择食
　　　　金科玉律　局促不安　惊世骇俗

q

发音方法：q的发音部位和发音方法与j基本相似，不同点在于q摩擦阶段的气流较强、较多。

单音节：旗　恰　且　翘　秋　前　亲　庆　抢　确

双音节：亲戚　凄切　祈求　弃权　恰巧

牵强　缺欠　鹊桥　侵权　乔迁

四音节：恰如其分　齐心协力　千篇一律

巧立名目　亲密无间　强基固本

x

发音方法：双唇稍开，上下齿的开度与j、q相似，舌尖抵住下齿背，舌面前部抬高靠近硬腭，形成窄缝，气流从缝中挤出，摩擦成音。

单音节：西　霞　秀　销　新　现　想　星　许　宣

双音节：显现　现象　限行　修行　相信

详细　心胸　行星　闲暇　休闲

四音节：先见之明　胸有成竹　栩栩如生

悬崖峭壁　弦外之音　喜出望外

2.j和q的对比练习

经常—清偿　手脚—手巧　迹象—气象

激励—凄厉　积压—欺压　集权—齐全

居室—趋势　简陋—浅陋　咀嚼—取决

3.绕口令练习

漆匠和锡匠(j、q、x)

七巷一个漆匠,西巷一个锡匠,
七巷漆匠偷了西巷锡匠的锡,
西巷锡匠拿了七巷漆匠的漆,
七巷漆匠气西巷锡匠偷了漆,
西巷锡匠讥七巷漆匠拿了锡。
请问锡匠和漆匠,
谁拿谁的锡?谁偷谁的漆?

七加一(j、q)

七加一,再减一,
加完减完等于几?
七加一,再减一,
加完减完还是七。

(六)舌尖后音(zh、ch、sh、r)

舌尖后音示范

1.发音练习

zh

发音方法:发音时,舌尖上翘,抵住硬腭前部,有较弱的气流冲开舌尖阻碍,从窄缝中挤出,摩擦成音。

单音节:扎　者　治　债　照　周　正　仗　抓　朱

双音节:政治　债主　战争　长者　招展

挣扎　折中　珍重　主张　周转

四音节：招兵买马　掌上明珠　直言不讳

真知灼见　正本清源　咫尺天涯

ch

发音方法：发音时，发音部位和发音方法与 zh 基本相似，不同点在于 ch 最后摩擦出声时的气流比 zh 要强、要多。

单音节：插　池　柴　抄　趁　城　出　春　船　产

双音节：橱窗　查抄　初创　铲除　长城

驰骋　产出　撤除　春城　踌躇

四音节：缠绵悱恻　长年累月　车水马龙

沉默寡言　陈词滥调　插科打诨

sh

发音方法：发音时，舌尖上翘，抵住硬腭前部，留出窄缝，气流从窄缝中挤出，摩擦成音。

单音节：沙　舌　室　筛　谁　甚　陕　商　书　刷

双音节：杀手　沙石　事实　绅士　首饰

手术　舒适　山水　书生　水手

四音节：善始善终　稍纵即逝　设身处地

赏心悦目　山清水秀　神机妙算

r

发音方法：r 的发音和 sh 基本相同，只是摩擦比 sh 弱，同时声带振动，气流带音。

单音节：让　如　任　弱　热　柔　荣　润　乳　惹

双音节：仍然　融入　容忍　柔弱　忍让

荣辱　荏苒　如若　濡染　柔韧

四音节：如愿以偿　仁至义尽　若无其事

日落西山　人云亦云　容光焕发

2.对比练习

(1) r 和 l 的连用练习

r—l　热烈　日历　容量　锐利　认领

人力　扰乱　热浪　燃料　热恋

l—r　烈日　利润　留任　炼乳　老人

礼让　恋人　凌辱　鹿茸　蜡染

(2) r 和 l 的对比练习

r—l　肉馅—露馅　进入—近路　流入—流露

乳汁—卤汁　阻燃—阻拦　卢家—如家

l—r　娱乐—余热　囚牢—求饶　碧蓝—必然

收录—收入　脸色—染色　衰落—衰弱

3.绕口令练习

知道不知道(zh、sh)

知识从实践始，实践出真知。

知道就是知道，不知道就是不知道。

不要知道说不知道，

也不要不知道装知道。

老老实实，实事求是，

一定要做到不折不扣真知道。

学时事(zh、ch、sh)

史老师,讲时事,
常学时事长知识。
时事学习看报纸,
报纸登的是时事,
心里装着天下事。

人名、任命(r)

任命是任命,人名是人名,
任命人名不能错,
错了人名错任命。

热日头(r)

日头热,热日头,
日头不热不是日头。

4.古诗词练习

惠崇春江晚景

〔宋〕苏轼

竹外桃花三两枝,春江水暖鸭先知。
蒌蒿满地芦芽短,正是河豚欲上时。

(七)舌尖前音(z、c、s)

舌尖前音示范

1.发音练习

z

发音方法:发音时,舌尖平伸,抵住下齿背,较弱的气流冲破舌叶与上齿背的阻碍,冲开一道窄缝,并从中挤出,摩擦成声。

单音节:杂 泽 紫 灾 贼 造 租 增 昨 最

双音节:咂嘴 自责 再造 栽赃 在座

藏族 遭灾 总则 最早 宗族

四音节:杂乱无章 责无旁贷 在所不辞

造谣惑众 座无虚席 臧否人物

c

发音方法:发音时,和 z 的发音区别不大,不同的地方在于 c 气流较强。

单音节:擦 册 词 猜 草 凑 残 涔 仓 层

双音节:猜测 残存 草丛 仓促 层次

从此 参差 粗糙 璀璨 措辞

四音节:草木皆兵 层出不穷 寸草春晖

藏龙卧虎 操之过急 从谏如流

s

发音方法:发音时,舌尖抵住下齿背,气流从舌叶与上齿背的窄缝中擦出而成声。

单音节:飒 色 丝 赛 嫂 伞 撒 森 桑 苏

双音节:洒扫 琐碎 缫丝 色素 三思

思索　四散　搜索　诉讼　速算

四音节：塞翁失马　三顾茅庐　丧权辱国

丝丝入扣　四面楚歌　森罗万象

2.对比练习

(1)平翘舌连用练习

z-zh　自治　尊重　增长　作主　杂志　再植　资助

zh-z　制造　转载　追踪　振作　正宗　准则　种子

c-ch　蚕虫　操场　财产　擦车　促成　采茶　残喘

ch-c　炒菜　冲刺　尺寸　陈词　差错　纯粹　初次

s-sh　松树　宿舍　算术　损失　三山　似是　丧失

sh-s　收缩　神速　哨所　殊死　申诉　疏松　山色

(2)平翘舌对比练习

z-zh

自立—智力　栽花—摘花　综合—中和

姿势—知识　资助—支柱　自负—致富

c-ch

冲刺—充斥　新村—新春　推辞—推迟

粗糙—出操　词序—持续　祠堂—池塘

s-sh

俗语—熟语　桑叶—商业　食宿—实数

撒网—纱网　散光—闪光　死命—使命

3.绕口令练习

撕字纸(z、zh)

隔着窗户撕字纸,
一次撕下横字纸,
一次撕下竖字纸,
是字纸撕字纸,
不是字纸不要胡乱撕一地纸。

石狮子,涩柿子(s、sh)

山前有四十四棵死涩柿子树,山后有四十四只石狮子。山前的四十四棵死涩柿子树涩死了山后的四十四只石狮子。山后的四十四只石狮子咬死了山前的四十四棵死涩柿子树。不知是山前的四十四棵死涩柿子树涩死了山后的四十四只石狮子,还是山后的四十四只石狮子咬死了山前的四十四棵死涩柿子树。

子词丝(z、c、s)

四十四个字和词,
组成了一首子词丝的绕口词。
桃子李子梨子栗子橘子柿子槟子榛子,
栽满院子村子和寨子。
刀子斧子锯子凿子锤子刨子尺子做出桌子椅子和箱子。

名词动词数词量词代词副词助词连词造成语词诗词和唱词。

蚕丝生丝热丝缫丝染丝晒丝纺丝织丝自制粗丝细丝人造丝。

采　桑

周有光

ch	r	q	m	z	c	s	j	t	n	
春	日	起	每	早，	采	桑	惊	啼	鸟。	
f	g	p	b	x	h	k	l	zh	d	sh
风	过	扑	鼻	香，	花	开	落，	知	多	少。

第三节　普通话韵母发音训练

一、普通话韵母概述及分类

普通话的韵母由单元音或复合音充当，共有39个。韵母按语音结构可以分为单韵母、复韵母和鼻韵母3类，如表3-2所示：

表3-2　普通话韵母

单韵母	ɑ、o、e、i、u、ü、ê、-i(前)、-i(后)、er
复韵母	ai、ei、ao、ou、ia、ie、ua、uo、üe、iao、iou、uai、uei
鼻韵母	an、ian、uan、üan、en、in、uen、ün ang、iang、uang、eng、ueng、ing、ong、iong

二、普通话韵母发音与训练

单韵母

(一)舌面元音[ɑ、o、e、i、u、ü、ê、-i(前)、-i(后)]

ɑ

发音方法:发音时,口腔打开,舌自然放平,舌尖接触下齿龈,打开后声腔,呈半打哈欠状。

舌面元音示范

1.发音练习

单音节:阿　妈　发　搭　哈　扎　叉　咖　爬　拿

双音节:发达　大妈　眨巴　打靶　喇叭

砝码　大厦　哈达　拉萨　旮旯

四音节:八面玲珑　跋山涉水　茶余饭后

大有作为　大智若愚　擦肩而过

2.绕口令练习

伊犁马(ɑ)

门前有八匹大伊犁马,

你爱拉哪匹马拉哪匹马。

3.古诗词练习

不第后赋菊

〔唐〕黄　巢

待到秋来九月八,我花开后百花杀。

冲天香阵透长安,满城尽带黄金甲。

o

发音方法:发音时,嘴唇成圆形,舌头后缩,舌根隆起与软腭相对。

1.发音练习

单音节:泼　播　摸　佛　坡　破　博　叵　膜　墨

双音节:薄膜　泼墨　磨破　婆婆　默默

　　　磨墨　饽饽　摸摸　伯婆　伯伯

四音节:莫名其妙　模棱两可　博学多才

　　　迫在眉睫　婆婆妈妈　佛法无边

2.绕口令练习

墨与馍(o)

老伯伯卖墨,
老婆婆卖馍,
老婆婆卖馍买墨,
老伯伯卖墨买馍。
墨换馍,老伯伯有馍,
馍换墨,老婆婆有墨。

e

发音方法:e 发音方式与 o 相同,不同的是发 e 音时嘴唇不圆,双唇自然展开。

1.发音练习

单音节:渴　遮　车　奢　热　德　鹅　册　哥

双音节：客车 隔阂 苛刻 合格 可乐

折合 社科 特色 色泽 割舍

四音节：责无旁贷 克己奉公 歌舞升平

和颜悦色 隔岸观火 策马扬鞭

2.绕口令练习

鸽窝(e)

阁上一窝鸽，鸽渴叫咯咯。

哥哥登阁搁水给鸽喝，

鸽子喝水不渴不咯咯。

黄贺和王克(e)

一班有个黄贺，二班有个王克，

黄贺、王克二人搞创作，

黄贺搞木刻，王克写诗歌。

黄贺帮助王克写诗歌，王克帮助黄贺搞木刻。

由于二人搞协作，黄贺完成了木刻，王克写好了诗歌。

3.古诗词练习

咏 鹅

〔唐〕骆宾王

鹅、鹅、鹅，曲项向天歌。

白毛浮绿水，红掌拨清波。

i

发音方法：发音时，嘴微张成扁平状，舌尖抵住下齿龈，舌面抬高，靠近上硬腭。

1.发音练习

单音节：批　梯　机　棋　泥　鼻　皮　第　里　一

双音节：披靡　记忆　厘米　细腻　启迪

比例　洗涤　犀利　习题　起义

四音节：立竿见影　地大物博　一技之长

比比皆是　词不达意　鸡犬不宁

2.绕口令练习

一二三四五六七(i)

一二三四五六七，七六五四三二一，
七个阿姨来摘果，七个花篮手中提。
七个果子摆七样：
苹果、桃儿、石榴、柿子、李子、栗子、梨。

人心齐，泰山移(i)

人心齐，泰山移。
男女老少齐出力，
要与老天比高低。
挖了干渠几十里，
保浇了万亩良田地。

3.古诗词练习

江畔独步寻花(其六)

〔唐〕杜　甫

黄四娘家花满蹊,千朵万朵压枝低。
留连戏蝶时时舞,自在娇莺恰恰啼。

u

发音方法:发音时,嘴唇拢圆,舌头后缩,舌根抬起接近软腭。

1.发音练习

单音节:不　醋　出　读　伏　姑　突　补　书　组

双音节:督促　部署　辜负　鼓舞　孤独
　　　朴素　祝福　出租　辅助　图书

四音节:不共戴天　出口成章　孤芳自赏
　　　古今中外　如鱼得水　粗茶淡饭

2.绕口令练习

镇江路和镇江醋(u)

镇江路,镇江醋,镇江名醋出此处,
此处卖错镇江醋,老崔买醋太疏忽,
匆匆促促买错醋,买了次醋味不足。

鼓上画只虎

鼓上画只虎,破了拿布补,

不知布补鼓，还是布补虎。

3.古诗词练习

元　日

〔宋〕王安石

爆竹声中一岁除，春风送暖入屠苏。
千门万户曈曈日，总把新桃换旧符。

ü

发音方法：发音时，嘴唇拢成圆形，舌尖抵住下齿龈，舌面前部隆起。

1.发音练习

单音节：迂　女　绿　需　句　去　许　菊　拘　吕

双音节：区域　豫剧　序曲　女婿　聚居
　　　　语句　须臾　余裕　玉女　旅居

四音节：据理力争　聚精会神　屈指可数
　　　　嘘寒问暖　旭日东升　曲径通幽

2.i 和 ü 的对比练习

意见—遇见　办理—伴侣　移民—渔民　戏曲—序曲
遗传—渔船　起义—曲艺　系列—序列　名义—名誉

3.绕口令练习

村里新开一条渠(ü)

村里新开一条渠，

弯弯曲曲二山去。
河里雨水渠里蓄，
满山庄稼一片绿。

女小吕和女老李(i、ü)

这天天下雨，
体育局穿绿雨衣的女小吕，
去找穿绿运动衣的女老李。
穿绿雨衣的女小吕，
没找到穿绿运动衣的女老李，
穿绿运动衣的女老李，
也没见着穿绿雨衣的女小吕。

ê

发音方法：嘴半开，舌位靠后，舌尖抵下齿背，嘴角向两边展开。在普通话里只有语气词“欸”，单发这个音。

-i(**前**)

发音方法：发音时，自然展唇，舌尖与上齿背相对并形成窄缝，气流经过时不发生摩擦。

1.发音练习

单音节：紫　辞　思　字　资　此　撕　似　玼　渍

双音节：自私　字词　子嗣　恣肆　此次
　　　　刺死　次子　刺字　仔子　自此

四音节：孜孜不倦　子承父业　慈眉善目
　　　　似是而非　肆意妄为　词不达意

2.绕口令练习

大嫂子和大小子[-i(前)]

一个大嫂子,一个大小子。
大嫂子跟大小子比包饺子,
看是大嫂子包的饺子好,
还是大小子包的饺子好,
再看大嫂子包的饺子少,
还是大小子包的饺子少。
大嫂子包的饺子又小又好又不少,
大小子包的饺子又小又少又不好。

-i(后)

发音方法:发音时,自然展唇,舌尖翘起,与硬腭前部相对,形成窄缝,气流经过时不发生摩擦。

1.发音练习

单音节:支　至　尺　使　事　值　指　吃　迟　时

双音节:纸质　支持　知识　迟滞　吃食
　　　　实质　市尺　史诗　制止　逝世

四音节:至高无上　叱咤风云　时过境迁
　　　　嗤之以鼻　执迷不悟　史无前例

2.绕口令练习

知之为知之[-i(后)]

知之为知之,

不知为不知，
不以不知为知之，
不以知之为不知，
唯此才能求真知。

3.古诗词练习

赠刘景文

〔宋〕苏　轼

荷尽已无擎雨盖，
菊残犹有傲霜枝。
一年好景君须记，
正是橙黄橘绿时。

（二）卷舌元音

er

发音方法：发音时，舌头在口腔中间位置发e音，然后舌尖向上自然卷曲，发er音。

卷舌元音示范

1.发音练习

单音节：儿　而　耳　二　洱

双音节：儿童　洱海　二胡　而且　尔后
耳语　二十　儿女　耳朵　儿戏

四音节：耳目一新　接二连三　耳濡目染
尔虞我诈　出尔反尔　儿女情长

2.绕口令练习

要说“尔”专说“尔”(er)

要说“尔”专说“尔”，马尔代夫、喀布尔、阿尔巴尼亚、扎伊尔、卡塔尔、尼泊尔、贝尔格莱德、安道尔、萨尔瓦多、伯尔尼、利伯维尔、班珠尔、厄瓜多尔、塞舌尔、哈密尔顿、尼日尔、圣彼埃尔、巴斯特尔、塞内加尔的达喀尔、阿尔及利亚的阿尔及尔。

复韵母

复韵母：即复合元音韵母，是由2或3个元音音素复合而成的韵母。在复韵母的发音过程当中，舌位的前后、高低和唇形的圆展要发生连续的变化。复韵母又可以分为二合复韵母和三合复韵母(如表3-3所示)。根据韵腹在韵母中的位置又可以分为前响、后响和中响复韵母。

表3-3　普通话复韵母

二合复韵母	前响：ai、ei、ao、ou	后响：ia、ie、ua、uo、üe
三合复韵母	中响：iao、iou、uai、uei	

(一)前响复韵母(ai、ei、ao、ou)

前响复韵母示范

前响复韵母的发音特点是前一个元音清晰响亮，后一个元音轻短模糊，音值不太固定，只表示舌位滑动的方向。

ai

发音方法：发音时，先发 a 的音，然后滑向 i，气流不中断，i 读音轻短。

1.发音练习

单音节：百　派　买　柴　开　来　摘　该　晒　在

双音节：爱戴　拍卖　白菜　彩排　采摘

海带　开采　灾害　买卖　埋汰

四音节：爱莫能助　开天辟地　爱憎分明

拍手称快　塞翁失马　呆若木鸡

2.绕口令练习

喜送公粮破浪来(ai)

大船开，小船来，

送粮船队一排排。

汽笛声声催船快，

喜送公粮破浪来。

买白菜(ai)

买白菜，搭海带，

不买海带就别买大白菜。

买卖改，不搭卖，

不买海带也能买到大白菜。

3.古诗词练习

游园不值

〔宋〕叶绍翁

应怜屐齿印苍苔,小扣柴扉久不开。
春色满园关不住,一枝红杏出墙来。

ei

发音方法:发音时,先发元音 e 的音,然后滑向 i,气流不中断,嘴角向两边展开。

1.发音练习

单音节:杯　煤　陪　内　非　贼　北　给　黑　雷
双音节:北美　蓓蕾　卑微　配备　贝类
　　　　黑莓　飞贼　北碚　美眉　肥美
四音节:黑白分明　飞黄腾达　废寝忘食
　　　　悲欢离合　杯弓蛇影　背井离乡

2.绕口令练习

贝贝和菲菲(ei)

贝贝飞纸飞机,
菲菲要贝贝的纸飞机,
贝贝不给菲菲自己的纸飞机,
贝贝教菲菲自己做能飞的纸飞机。

3.古诗词练习

晚春(其一)

〔唐〕韩　愈

草木知春不久归,百般红紫斗芳菲。

杨花榆荚无才思,惟解漫天作雪飞。

ɑo

发音方法:发音时,先发元音 ɑ 的音,然后舌尖后缩,舌根向上抬,嘴形拢成圆形,轻轻地滑向 o。

1.发音练习

单音节:毛　岛　老　奥　逃　高　烤　闹　遭　导　找

双音节:报到　祷告　糟糕　操劳　草帽

高潮　稻草　嘲笑　劳保　跑道

四音节:劳而无获　少见多怪　稍胜一筹

饱食终日　老态龙钟　讨价还价

2.绕口令练习

扔草帽(ɑo)

隔着墙头扔草帽,

也不知草帽套老头儿,

还是老头儿套草帽。

毛毛和涛涛(ɑo)

毛毛和涛涛,跳高又练跑,

毛毛教涛涛练跑,涛涛教毛毛跳高,

毛毛学会了跳高,涛涛学会了练跑。

3.古诗词练习

咏 柳

〔唐〕贺知章

碧玉妆成一树高,万条垂下绿丝绦。

不知细叶谁裁出,二月春风似剪刀。

ou

发音方法:发音时,先发元音 o 的音,嘴唇渐收拢,舌根抬高,口型由大圆到小圆。韵尾 u 只表示舌位的滑动方向,应发得轻而短。

1.发音练习

单音节:凑 豆 偶 后 某 口 手 抽 兜 走

双音节:守候 丑陋 收购 斗殴 口头

叩首 收受 抖擞 豆蔻 漏斗

四音节:口是心非 踌躇不前 臭名远扬

手疾眼快 首当其冲 镂骨铭心

2.绕口令练习

忽听门外人咬狗(ou)

忽听门外人咬狗,拿起门来开开手;

拾起狗来打砖头,又被砖头咬了手;

从来不说颠倒话,口袋驮着骡子走。

3.古诗词练习

小 池

〔宋〕杨万里

泉眼无声惜细流，树阴照水爱晴柔。

小荷才露尖尖角，早有蜻蜓立上头。

(二)后响复韵母(iɑ、ie、uɑ、uo、üe)

后响复韵母示范

后响复韵母的发音特点是舌位由高向低滑动，收尾的元音音素响亮清晰，而开头的元音处于韵母的韵头位置，发音不太响亮，比较短促。

iɑ

发音方法：发音时，先发较短的 i 音，舌位由高降低，再发出较长、较强的 ɑ 音。

1.发音练习

单音节：俩　家　恰　下　嗲　甲　峡　掐　假　虾

双音节：加价　假牙　掐架　家鸭　下嫁

压价　恰恰　贾家　加压　下辖

四音节：驾轻就熟　恰如其分　家喻户晓

下马观花　狭路相逢　掐头去尾

2.绕口令练习

分不清是鸭还是霞(iɑ)

天空飘着一片霞，

水上游来一群鸭。
霞是五彩霞,鸭是麻花鸭,
麻花鸭游进五彩霞,
五彩霞网住麻花鸭。
乐坏了鸭,拍碎了霞,
分不清是鸭还是霞。

3.古诗词练习

天净沙·秋思

〔元〕马致远

枯藤老树昏鸦,小桥流水人家,古道西风瘦马。夕阳西下,断肠人在天涯。

ie

发音方法:发音时,先发较短的 i,再将舌位向下移动,发 e 音(实际为 ê 音)。

1.发音练习

单音节:爹　铁　列　窃　也　写　灭　接　捏

双音节:贴切　姐姐　业界　结业　铁鞋
揭帖　结节　结界　节烈　趔趄

四音节:铁面无私　夜长梦多　别具一格
锲而不舍　借题发挥　列祖列宗

2.绕口令练习

杰杰和姐姐(ie)

杰杰和姐姐,花园里面捉蝴蝶。

杰杰去捉花中蝶,姐姐去捉叶上蝶。

茄子(ie)

姐姐借刀切茄子,

去把儿去叶儿斜切丝,

切好茄子烧茄子,

炒茄子、蒸茄子,

还有一碗焖茄子。

3.古诗词练习

满江红

〔宋〕岳　飞

怒发冲冠,凭栏处、潇潇雨歇。抬望眼,仰天长啸,壮怀激烈。三十功名尘与土,八千里路云和月。莫等闲,白了少年头,空悲切!

靖康耻,犹未雪。臣子恨,何时灭!驾长车,踏破贺兰山缺。壮志饥餐胡虏肉,笑谈渴饮匈奴血。待从头、收拾旧山河,朝天阙。

ua

发音方法:发音时,先发较短的 u 音,再将舌位向下移动,发较长、较强的 a 音。

1.发音练习

单音节:夸　花　抓　瓜　挖　刷　话　跨　耍　挂

双音节:娃娃　花袜　耍滑　花褂　花瓜

呱呱　挂画　八卦　抓花　挂瓦

四音节:画龙点睛　抓耳挠腮　花好月圆

夸夸其谈　瓜田李下　挖肉补疮

2.绕口令练习

画蛤蟆(ua)

一个胖娃娃,画了三个大花活蛤蟆;

三个胖娃娃,画不出一个大花活蛤蟆。

画不出一个大花活蛤蟆的三个胖娃娃,

真不如画了三个大花活蛤蟆的一个胖娃娃。

uo

发音方法:发音时,先发较短的 u 音,再将舌位向下移动,发较长、较强的 o 音。

1.发音练习

单音节:多　拖　洛　过　我　做　说　绰　活　若

双音节:国货　蹉跎　懦弱　错过　火锅

硕果　骆驼　堕落　阔绰　陀螺

四音节:脱颖而出　落井下石　络绎不绝

多愁善感　缩手缩脚　果不其然

2.绕口令练习

菠萝与陀螺(uo)

坡上长菠萝,坡下玩陀螺。

坡上掉菠萝,菠萝砸陀螺。

砸破陀螺补陀螺,顶破菠萝剥菠萝。

üe

发音方法:发音时,先发较短的 ü 音,再将舌位向下移动,发较长、较强的 e 音(实际为 ê 音)。

1.发音练习

单音节:决　却　略　虐　学　约　薛　雪　岳　缺

双音节:雀跃　决绝　雪月　雪靴　约略

绝学　月缺　跃跃　掘穴　月月

四音节:绝无仅有　却之不恭　雪上加霜

血气方刚　学而不厌　决胜千里

2.对比练习

(1)ie 和 üe 连用练习

谢绝　协约　灭绝　节约　解决

确切　学业　血液　越界　月夜

(2)ie 和 üe 对比练习

切实—确实　蝎子—靴子　猎取—掠取

日夜—日月　竹叶—逐月　午夜—五岳

3.绕口令练习

真绝(üe)

真绝,真绝,真叫绝,
皓月当空下大雪,
麻雀游泳不飞跃,
鹊巢鸠占鹊喜悦。

做鞋和做靴(ie、üe)

小谢小薛一个做鞋一个做靴。
斜街的小谢会做靴,前街的小薛会做鞋。
前街的小薛向斜街的小谢学做靴,
斜街的小谢向前街的小薛学做鞋。
小谢小薛都学会做鞋和靴。

4.古诗词练习

江　雪

〔唐〕柳宗元

千山鸟飞绝,万径人踪灭。
孤舟蓑笠翁,独钓寒江雪。

中响复韵母示范

(三)中响复韵母(iao、iou、uai、uei)

中响复韵母发音特点是前一个元音轻短;后面的元音含混,音值不太固定,只表示舌位滑动的方向和归音的位置;中间的元音清晰响亮。

iao

发音方法：发音时，先发较短的 i 音，然后滑动舌位到 ao 音。

1.发音练习

单音节：票 秒 条 掉 桥 表 叫 标 巧 小

双音节：萧条 调料 秒表 调教 疗效

窈窕 缥缈 巧妙 逍遥 苗条

四音节：表里如一 妙不可言 调虎离山

标新立异 悄然而至 鸟语花香

2.绕口令练习

鸟看表(iao)

水上漂着一只表，表上落着一只鸟。

鸟看表，表瞪鸟，

鸟不认识表，表也不认识鸟。

清早礁角小鸟叫(iao)

清早礁角小鸟叫，鸟叫礁角宝岛天将晓，

战士矫健站礁角，笑瞧鸟叫礁角宝岛天将晓。

3.古诗词练习

望 岳

〔唐〕杜 甫

岱宗夫如何，齐鲁青未了。

造化钟神秀，阴阳割昏晓。

荡胸生层云，决眦入归鸟。

会当凌绝顶，一览众山小。

iou

发音方法：发音时，先发较短的 i 音，然后滑动舌位到 ou 音。

1.发音练习

单音节：酒 修 秋 舅 友 牛 丢 六 求 流

双音节：优秀 悠久 求救 酒友 绣球

牛油 秋游 流油 舅舅 妞妞

四音节：流芳百世 休戚与共 袖手旁观

救死扶伤 有口皆碑 牛头马面

2.绕口令练习

铜勺热油(iou)

铜勺舀热油，铁勺舀凉油，

铜勺舀了热油舀凉油，

铁勺舀了凉油舀热油。

uai

发音方法：发音时，先发较短的 u 音，然后滑动舌位到 ai 音。

1.发音练习

单音节：快 拽 揣 怪 坏 外 摔 淮 乖 甩

双音节：摔坏　怀揣　外快　外踝　乖乖

坏拐　快拽　踹坏　拽坏　快甩

四音节：怀才不遇　歪风邪气　脍炙人口

外强中干　快马加鞭　拐弯抹角

2.绕口令练习

槐树歪歪(uai)

槐树歪歪，坐个乖乖，

乖乖用手，摔坏老酒，

酒瓶摔坏，奶奶不怪。

uei

发音位置：先发较短的 u 音，然后移动舌位发 ei 音。

1.发音练习

单音节：腿　最　吹　水　微　回　追　堆　岁　愧

双音节：追悔　翠微　水位　垂危　回味

荟萃　汇兑　回归　魁伟　溃退

四音节：对答如流　推陈出新　灰心丧志

水乳交融　绘声绘色　归心似箭

2.绕口令练习

嘴和腿(uei)

嘴说腿，腿说嘴，

嘴说腿爱跑腿，腿说嘴爱卖嘴。

光动嘴不动腿，光动腿不动嘴，不如不长腿和嘴。

3.古诗词练习

凉州词二首(其一)

〔唐〕王　翰

葡萄美酒夜光杯,欲饮琵琶马上催。

醉卧沙场君莫笑,古来征战几人回?

鼻韵母

(一)前鼻音韵母(an、en、in、ün、ian、uan、üan、uen)

前鼻音韵母示范

an

发音方法:发音时,先发 a 的音,然后舌尖逐渐抬起,顶住上齿龈,气流从鼻腔泄出,发 n 的音。

1.发音练习

单音节:斩　按　丹　男　看　善　三　蓝　餐　馋

双音节:感叹　散漫　谈判　坦然　安然

参战　橄榄　蹒跚　贪婪　惨案

四音节:安居乐业　暗送秋波　昙花一现

攀龙附凤　半路出家　馋涎欲滴

2.绕口令练习

学习就怕满、懒、难(an)

学习就怕满、懒、难,

心里有了满、懒、难，
不看不钻就不前。
心里丢掉满、懒、难，
永不自满，边学边干，
蚂蚁也能搬泰山。

3.古诗词练习

从军行七首(其四)

〔唐〕王昌龄

青海长云暗雪山，孤城遥望玉门关。
黄沙百战穿金甲，不破楼兰终不还。

en

发音方法：发音时，先发 e 的音，然后舌面抬高，舌尖抵住上齿龈，气流从鼻腔泄出，发 n 的音。

1.发音练习

单音节：喷　门　份　嫩　跟　怎　森　真　陈　身

双音节：本分　审慎　身份　沉闷　粉尘
　　　　根本　人参　认真　神人　振奋

四音节：奋不顾身　门庭若市　陈年往事
　　　　身不由己　纷至沓来　真知灼见

2.绕口令练习

瓶和盆(en、ing)

这边一个人，挑了一挑瓶。

那边一个人，担了一担盆。

瓶碰烂了盆，盆碰烂了瓶。

卖瓶买盆来赔盆，卖盆买瓶来赔瓶。

瓶不能赔盆，盆不能赔瓶。

闷娃和笨娃(en)

闷娃闷，笨娃笨。

闷娃嫌笨娃笨，笨娃嫌闷娃闷。

闷娃说笨娃我闷你笨，

笨娃说闷娃我笨你闷。

也不知闷娃笨还是笨娃闷。

3.古诗词练习

清　明

〔唐〕杜　牧

清明时节雨纷纷，路上行人欲断魂。

借问酒家何处有，牧童遥指杏花村。

in

发音方法：发音时，先发 i 的音，然后舌面抬高，舌尖抵住上齿龈，气流从鼻腔泄出，发 n 的音。

1.发音练习

单音节：因　宾　品　新　亲　民　您　林　紧　近

双音节：濒临　尽心　民心　拼音　薪金

信心　音频　辛勤　引进　亲信

四音节：饮水思源　心血来潮　隐姓埋名

　　　　彬彬有礼　品学兼优　秦晋之好

2.绕口令练习

你也勤来我也勤（in）

你也勤来我也勤，生产同心土变金。

工人农民亲兄弟，心心相印团结紧。

根连根（in、en）

山上青松根连根，各族人民心连心。

根连根，心连心，建设祖国一股劲。

3.古诗词练习

春　日

〔宋〕朱　熹

胜日寻芳泗水滨，无边光景一时新。

等闲识得东风面，万紫千红总是春。

ün

发音方法：发音时，先发 ü 的音，然后舌尖抵住上齿龈，气流从鼻腔泄出，发 n 的音。

1.发音练习

单音节：云　军　群　寻　讯　孕　允　骏　陨　勋

双音节：菌群　熏晕　芸芸　军训　均匀

　　　　逡巡　群运　循循　醺醺　纭纭

四音节：循序渐进　群龙无首　寻死觅活

运用自如　训练有素　君子协定

2.绕口令练习

白云与羊群(ün)

蓝天上是片片白云，

草原上是银色羊群。

近处看，这是羊群，那是白云；

远处看，分不清哪是白云，哪是羊群。

换裙子(ün)

军车运来一堆裙，一色军用绿色裙。

军训女生一大群，换下花裙换绿裙。

ian

发音方法：发音时，先发 i 的音，然后滑向韵母 an 的音。

1.发音练习

单音节：眼　片　见　点　前　天　先　年　连　面

双音节：电线　演练　天线　脸面　变迁

前言　年限　鲜艳　牵连　检验

四音节：年富力强　颠沛流离　天涯海角

先礼后兵　点石成金　片语只言

2.绕口令练习

半边莲(ian)

半边莲,莲半边,
半边莲长在山涧边。
半边天路过山涧边,
发现这片半边莲。
半边天拿来一把镰,
割了半筐半边莲。
半筐半边莲,送给边防连。

3.古诗词练习

望庐山瀑布

〔唐〕李　白

日照香炉生紫烟,遥看瀑布挂前川。
飞流直下三千尺,疑是银河落九天。

uan

发音方法:发音时,先发 u 的音,然后滑向韵母 an 的音。

1.发音练习

单音节:段　团　暖　乱　换　穿　宽　关　酸　专

双音节:转换　官官　酸软　婉转　专断
还款　团团　万贯　软缎　换算

四音节:欢天喜地　冠冕堂皇　完璧归赵
短兵相接　专心致志　酸甜苦辣

2.绕口令练习

船和床(uan、uang)

那边划来一艘船,
这边漂去一张床,
船床河中互相撞,
不知船撞床,还是床撞船。

帆船(uan)

大帆船,小帆船,
竖起桅杆撑起船。
风吹帆,帆引船,
帆船顺风转海湾。

üan

发音方法:发音时,先发 ü 的音,然后滑向韵母 an 的音。

1.发音练习

单音节:远　全　卷　选　鹃　喧　劝　绚　原　捐

双音节:全员　渊源　全选　轩辕　圆圈
全权　源远　涓涓　源泉　全院

四音节:卷土重来　全神贯注　怨天尤人
轩然大波　远走高飞　权责分明

2.绕口令练习

画圆圈(üan)

圆圈圆,圈圆圈,
圆圆娟娟画圆圈。
娟娟画的圈连圈,
圆圆画的圈套圈。
娟娟圆圆比圆圈,
看看谁的圆圈圆。

山岩出山泉(üan、ian)

山岩出山泉,山泉源山岩,
山泉抱山岩,山岩依山泉,山泉冲山岩。

uen

发音方法:发音时,先发 u 的音,然后滑向韵母 en 的音。

1.发音练习

单音节:问　吨　吞　滚　孙　村　春　顺　谆　混

双音节:昆仑　困顿　春笋　温顺　论文
润唇　伦敦　珲春　滚轮　馄饨

四音节:顿开茅塞　滚瓜烂熟　寸草春晖
混淆视听　文过饰非　吞云吐雾

2.绕口令练习

磙和棍(uen)

磙下压个棍,棍上压个磙,
磙压棍滚,棍滚磙滚。

闷棍(uen)

门背后有根闷棍,开门别碰闷棍。

3.古诗词练习

赠隐者

〔唐〕储嗣宗

尽室居幽谷,乱山为四邻。
雾深知有术,窗静似无人。
鹤语松上月,花明云里春。
生涯更何许,尊酒与垂纶。

(二)后鼻音韵母(ang、iang、uang、eng、ueng、ing、ong、iong)

后鼻音韵母示范

ang

发音方法:发音时,先发 a 的音,然后舌根抵住软腭,气流从鼻腔泄出,发后鼻音 ng 音。

1.发音练习

单音节:忙　炕　脏　伤　放　昂　棒　当　港　浪

双音节:党章　帮忙　商场　浪荡　螳螂

厂长 肮脏 行当 沧桑 厂房

四音节：掌上明珠 长歌当哭 康庄大道

畅所欲言 纲举目张 伉俪之情

2.绕口令练习

砸缸(ang)

小光和小刚，抬着水桶上山岗。
上山岗，歇歇凉，
拿起竹竿玩打仗。
乒乒乒，乓乓乓，
打来打去砸了缸。
小光怪小刚，小刚怪小光，
小光小刚都怪竹竿和水缸。

3.古诗词练习

秋浦歌十七首(其十五)

〔唐〕李 白

白发三千丈，缘愁似个长。
不知明镜里，何处得秋霜。

iang

发音方法：发音时，先发 i 的音，然后滑向韵母 ang。

1.发音练习

单音节：央 娘 亮 讲 象 养 强 向 梁 想

双音节：亮相 想象 将相 粮饷 湘江

奖项　响亮　强将　洋相　踉跄

四音节：将功折罪　量入为出　良药苦口

强弩之末　枪林弹雨　相得益彰

2.绕口令练习

羊撞墙(iang)

杨家养了一只羊，
蒋家修了一垛墙。
杨家的羊撞倒了蒋家的墙，
蒋家的墙压死了杨家的羊。
杨家要蒋家赔杨家的羊，
蒋家要杨家赔蒋家的墙。

3.古诗词练习

客中行

〔唐〕李　白

兰陵美酒郁金香，玉碗盛来琥珀光。
但使主人能醉客，不知何处是他乡。

uang

发音方法：发音时，先发 u 的音，然后滑向韵母 ang。

1.发音练习

单音节：王　光　矿　慌　装　床　爽　创　黄　框

双音节：窗框　狂妄　状况　双簧　装潢

闯撞　黄光　网状　双亡　皇庄

四音节：旷日持久　光芒万丈　窗明几净

光鲜亮丽　皇亲国戚　广开言路

2.绕口令练习

黄花黄(uang)

黄花花黄黄花黄，花黄黄花朵朵黄。

朵朵黄花黄又香，黄花花香向太阳。

3.古诗词练习

江畔独步寻花(其一)

〔唐〕杜　甫

江上被花恼不彻，无处告诉只颠狂。

走觅南邻爱酒伴，经旬出饮独空床。

eng

发音方法：发音时，先发 e 的音，然后舌根抵住软腭，气流从鼻腔泄出，发后鼻音 ng 音。

1.发音练习

单音节：蹦　蓬　蒙　风　灯　疼　能　坑　曾　赠

双音节：风筝　逞能　鹏程　更正　丰盛

承蒙　征程　生猛　增生　整风

四音节：冷嘲热讽　瞠目结舌　成竹在胸

乘人之危　承上启下　铿锵悦耳

2.绕口令练习

放风筝(eng)

刮着大风放风筝,风吹风筝挣断绳。
风筝断绳风筝松,断绳风筝随风行。
风不停,筝不停,风停风筝自不行。

3.古诗词练习

竹枝词二首(其一)

〔唐〕刘禹锡

杨柳青青江水平,闻郎江上唱歌声。
东边日出西边雨,道是无晴却有晴。

ueng

发音方法:发音时,先发 u 的音,然后滑向韵母 eng。

1.发音练习

单音节:翁　嗡　瓮　蓊　蕹
双音节:渔翁　瓮城　老翁　水翁　蓊郁
四音节:瓮中捉鳖　瓮声瓮气

2.绕口令练习

老翁和老翁(ueng)

老翁卖酒老翁买,
老翁买酒老翁卖。

ing

发音方法：发音时，先发 i 的音，然后舌根抵住软腭，气流从鼻腔泄出，发后鼻音 ng 音。

1.发音练习

单音节：英　丙　名　零　停　井　轻　兴　定　硬

双音节：倾听　经营　明星　叮咛　姓名

聆听　警醒　秉性　影评　命令

四音节：兵荒马乱　名不虚传　鼎鼎大名

精打细算　萍水相逢　轻车熟路

2.绕口令练习

蜻蜓青萍分不清(ing)

蜻蜓青，青浮萍，
青萍上面停蜻蜓，
蜻蜓青萍分不清。
别把蜻蜓当青萍，
别把青萍当蜻蜓。

天上七颗星(ing)

天上七颗星，树上七只鹰，
梁上七个钉，台上七盏灯，
拿扇扇了灯，用手拔了钉，
举枪打了鹰，乌云盖了星。

3.古诗词练习

新息道中作

〔唐〕刘长卿

萧条独向汝南行,客路多逢汉骑营。
古木苍苍离乱后,几家同住一孤城。

ong

发音方法:发音时,先发 o 的音,然后舌根抵住软腭,气流从鼻腔泄出,发后鼻音 ng 音。

1.发音练习

单音节:东 通 弄 龙 工 轰 松 葱 宗 宠

双音节:共同 轰动 总统 中东 恐龙
童工 浓重 动容 瞳孔 隆重

四音节:耸人听闻 功德无量 动人心弦
弄假成真 空前绝后 重修旧好

2.绕口令练习

浓雾(ong)

浓浓雾,雾浓浓,
浓浓灰雾飞入松。
灰雾入松松飞雾,
灰雾雾松分不清。

风、松、钟、弓(ong)

走如风，站如松，坐如钟，睡如弓。
风、松、钟、弓，弓、钟、松、风，
连念七遍口齿清。

3.古诗词练习

晓出净慈寺送林子方

〔宋〕杨万里

毕竟西湖六月中，风光不与四时同。
接天莲叶无穷碧，映日荷花别样红。

iong

发音方法：发音时，先发 i 的音，然后滑向韵母 ong。

1.发音练习

单音节：拥　炯　穷　胸　永　窘　凶　琼　熊　炅

双音节：汹涌　窘迫　匈奴　雄风　兄长
凶器　穷凶　迥异　臃肿　雍容

四音节：庸人自扰　穷则思变　汹涌澎湃
雄才伟略　凶多吉少　炯炯有神

2.绕口令练习

学游泳(iong)

小涌勇敢学游泳，勇敢游泳是英雄。

3.古诗词练习

赠李白

〔唐〕杜　甫

秋来相顾尚飘蓬，未就丹砂愧葛洪。

痛饮狂歌空度日，飞扬跋扈为谁雄。

(三)前后鼻音对比练习

前后鼻音的区别在于：发前鼻音韵母时，舌头要向前推动，舌面前部或舌尖与硬腭前端或上齿龈接触；发后鼻音韵母时，舌头要向后运动，舌根抬起与软腭相接触。

1.前后鼻音对比练习

an—ang	产量—敞亮	菜摊—菜汤	开饭—开放
	反问—访问	烂漫—浪漫	鱼竿—鱼缸
ian—iang	新鲜—新乡	前站—强占	鲜花—香花
	小县—小巷	简历—奖励	前置—强制
uan—uang	官民—光明	车船—车床	专家—庄稼
	双环—双簧	奉还—凤凰	新欢—心慌
en—eng	长针—长征	三根—三更	深洞—生动
	真理—争理	申明—声明	绅士—声势
in—ing	信服—幸福	来宾—来兵	辛勤—心情
	拼盘—平盘	银河—迎合	贫民—平民
uen—ong	乡村—香葱	吞并—通病	轮子—笼子

	飞轮—飞龙	春分—充分	余温—渔翁
ün—iong	共运—共用	勋章—胸章	
	群起—雄起	运兵—用兵	

2.前后鼻音连用练习

前后鼻音连用练习示范

an—ang	安放	南方	坦荡	班长	胆囊
	单杠	南昌	漫长	探访	绽放
ang—an	账单	方案	长安	档案	商贩
	茫然	商谈	抗旱	畅谈	房产
ian—iang	边疆	电量	演讲	坚强	联想
	绵阳	勉强	见谅	贤良	钱粮
iang—ian	扬言	项链	享年	量变	香甜
	香烟	想念	江面	秧田	抢眼
uan—uang	端庄	官网	罐装	卵黄	宽广
	观望	钻床	观光	短装	软床
uang—uan	壮观	慌乱	光环	皇冠	双关
en—eng	真诚	纷争	奔腾	门生	文风
	神圣	门缝	深耕	本能	喷灯
eng—en	成本	承认	诚恳	成分	缝纫
	烹饪	城镇	憎恨	胜任	圣人
uen—ong	顺从	稳重	滚筒	纯种	昆虫
ong—uen	重婚	中文	公文	红润	重温
	农村	通顺	仲春	恭顺	冬笋
in—ing	民兵	心情	品行	隐形	民警
	禁令	引领	聘请	银杏	引擎

ing—in	病因	听信	定亲	灵敏	铭心
	平民	清新	应聘	警民	影音
ün—iong	运用	军用	群雄	云涌	驯熊

3.绕口令练习

陈庄城和程庄城(en、eng)

陈庄程庄都有城,陈庄城通程庄城。
陈庄城和程庄城,两庄城墙都有门。
陈庄城进程庄人,陈庄人进程庄城。
请问陈程两庄城,两庄城门都进人,
哪个城进陈庄人,程庄人进哪个城?

同姓与通信(in、ing)

同姓不能念成通信,
通信也不能念成同姓,
同姓的可以互相通信,
通信的可不一定同姓。

4.古诗词练习

下面这首诗中涵盖了38个韵母。

捕 鱼

周有光

en üan iang ong ie, ang ua i ou ing
人 远 江 空 夜, 浪 滑 一 舟 轻。

er iong ê io iao, u e ai a eng
儿 咏 诶 唷 调，橹 和 嗳 啊 声。
ang ao o in üe, an uan uei ian ün
网 罩 波 心 月，竿 穿 水 面 云。
ü ia iou ueng ei uai uo -i(前) -i(后) uen
鱼 虾 留 瓮 内，快 活 四 时 春。

第四节　普通话声调训练

一、普通话声调概述及分类

声调是汉语音节不可或缺的一部分，与声母、韵母共同构成普通话的音节。声调依附在音节里，有高低升降的音高变化，具有区别意义的作用。普通话中的声调分为阴平、阳平、上声和去声四个调类。各个调类的调值如图 3-2 所示。

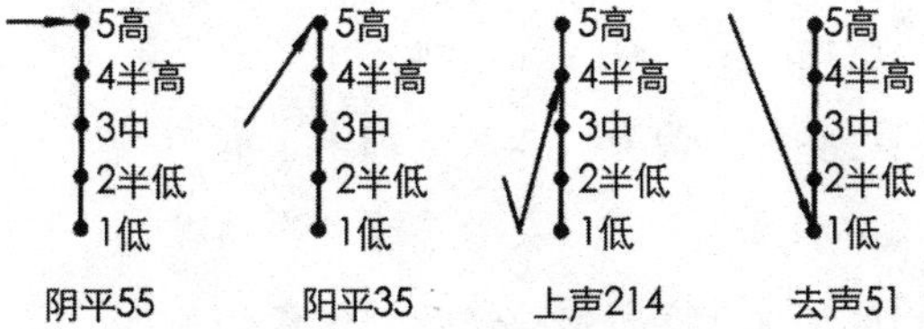

图 3-2　普通话语音调值图

1. 阴平

调值 55，发音从 5 度到 5 度，基本没有升降变化，为高平调。例如：兵、通、音、军。

2.阳平

调值35,发音从3度升到5度,声音从中到高,为高升调。例如:旗、直、达、团。

3.上声

调值214,发音从2度降到1度再升至4度,为降升调。例如:领、厂、想、谎。

4.去声

调值51,发音从5度降到1度,为全降调。例如:大、怕、告、例。

二、普通话调值训练

调值分类示范

(一)调值分类

1.阴平(55)

单音节:锕　安　低　开　拉　千　森　酥　棕　匆

双音节:参加　西安　工兵　拥军　班车

冰川　出租　灰心　缤纷　参观

四音节:飞机升空　忧心忡忡　休戚相关

叽叽喳喳　卑躬屈膝　居安思危

2.阳平(35)

单音节:毛　来　白　祥　滑　黄　梁　忙　阳　咱

双音节:直达　儿童　驰名　临时　吉祥

灵活　豪华　遗传　弘扬　驼铃

四音节：名存实亡　急于求成　文如其人

亭台楼阁　含糊其词　梅兰竹菊

3. 上声（214）

单音节：股　晚　满　礼　挺　我　揽　水　羽　葛　软

双音节：雨伞　演讲　美好　鼓掌　首长

总理　理想　蒙古　总统　使馆

四音节：岂有此理　有板有眼　美酒可口

主管领导　养老保险　彼此友好

4. 去声（51）

单音节：秤　胜　正　尚　晾　棒　畅　六　汉　善

双音节：破例　致意　建造　过去　胜诉

运动　胜利　幸会　浪费　互助

四音节：背信弃义　跃跃欲试　万籁俱寂

变幻莫测　废物利用　对症下药

（二）双音节声调组合练习

双音节声调组合练习示范

1. 阴平与阴平相连（55+55）

飞机　播音　餐厅　炊烟　功勋　屈膝　方针

丰收　交通　失约　芬芳　粗糙　参军　漆黑

2. 阴平与阳平相连（55+35）

帮忙　渊源　昆仑　资源　鲜明　深沉　江南

逍遥　曲折　失职　屈服　缺乏　挖掘　新闻

3. 阴平与上声相连（55+214）

插曲　班长　充满　灯塔　施展　思索　艰苦

加紧　脱骨　争取　发展　黑板　刚果　开采

4.阴平与去声相连(55+51)

希望　欢乐　割裂　霹雳　督促　忽略　丰富

高贵　宽阔　经济　庄重　猜测　区域　播送

5.阳平与阴平相连(35+55)

国歌　联欢　直接　杰出　学说　袭击　南方

平均　农村　搏击　承担　澄清　明星　房屋

6.阳平与阳平相连(35+35)

翱翔　重逢　繁荣　流行　黎明　年华　人民

银行　文坛　国旗　直达　团结　联合　黄河

7.阳平与上声相连(35+214)

南北　牛马　竹板　黄海　民主　辞典　尘土

牛奶　渔网　烦恼　群岛　峡谷　直属　合法

8.阳平与去声相连(35+51)

德育　独立　决策　协作　平定　疼痛　狂妄

决断　财物　惭愧　豪迈　辽阔　局势　存放

9.上声与阴平相连(214+55)

广播　指标　抹杀　伪装　曙光　纺织　领空

抢修　展开　统一　法规　北非　主张　转播

10.上声与阳平相连(214+35)

解决　雪白　北极　笔直　朴实　指南　统筹

紧急　解围　朗读　署名　反常　表决　敏捷

11.上声与上声相连(214+214)

领导 保险 处理 管理 导演 舞蹈 检讨

展览 玛瑙 铁塔 广场 感想 遣返 婉转

12.上声与去声相连(214+51)

法律 角落 笔墨 想象 访问 挑战 美妙

理论 巩固 雨具 响亮 感叹 水位 主要

13.去声与阴平相连(51+55)

认真 列车 下乡 蓄积 变迁 尽心 腊八

客车 象征 电灯 外宾 矿工 自尊 进军

14.去声与阳平相连(51+35)

自然 克服 祝福 戒严 电台 汽笛 绣球

教条 论文 共同 辨别 牧民 挫折 报名

15.去声与上声相连(51+214)

乐曲 肋骨 耐久 剧本 跳伞 运转 探讨

呐喊 酿酒 配偶 购买 劝解 诉苦 信仰

16.去声与去声相连(51+51)

巨大 放纵 大厦 浪漫 气势 酝酿 缔造

热烈 沐浴 设立 惧怕 画像 自传 岁月

(三)单音节声调练习

该部分既练习声调,也练习声母、韵母的发音。

1.双唇音

b 巴 拔 把 罢

p　坡　婆　叵　破

m　猫　毛　卯　帽

2.唇齿音

f　方　房　仿　放

3.舌尖中音

d　低　敌　底　弟

t　通　同　统　痛

n　妞　牛　扭　拗

l　撸　庐　鲁　路

4.舌根音

g　哥　格　葛　个

k　科　咳　可　刻

h　酣　含　喊　汉

5.舌面音

j　居　局　举　据

q　青　情　请　庆

x　香　详　想　象

6.舌尖后音

zh　知　职　止　至

ch　撑　成　逞　秤

sh　申　神　沈　甚

r　　如　乳　入

7.舌尖前音

z　嘬　昨　左　做

c　猜　才　采　菜

s　虽　随　髓　岁

8.开口音

ai　掰　白　摆　败

ao　抛　刨　跑　泡

ei　飞　肥　匪　费

9.齐齿音

ia　家　颊　甲　架

in　亲　勤　寝　沁

ie　些　斜　写　泄

ian　先　贤　显　现

10.合口音

uang　窗　床　闯　创

ua　蛙　娃　瓦　袜

uan　欢　环　缓　幻

uai　乖　　拐　怪

11.撮口音

üe　薛　学　雪　谑

ün　氲　云　允　运

üan　悛　全　犬　劝

(四)四音节及以上音节声调练习

练习时,要控制好气息,第一遍主要进行四声夸张练习;第二遍要根据词语的意思,综合运用情、声、气进行表达。

1.阴阳上去

高原广阔　飞檐走壁　巍峨耸立　山明水秀　风调雨顺

光明磊落　花团锦簇　阴谋诡计　积年累月　优柔寡断

千锤百炼　三国鼎立　中流砥柱　开渠引灌　兵强马壮

2.去上阳阴

逆水行舟　热火朝天　信以为真　万古流芳　妙手回春

驷马难追　遍体鳞伤　地广人稀　顺理成章　墨守成规

四海为家　耀武扬威　调虎离山　救死扶伤　刻骨铭心

3.四声变位

四音节:气贯长虹　方兴未艾　富贵荣华　文从字顺

豁然开朗　义正词严　众志成城　盛气凌人

多音节:中华老字号　经济适用房　武装直升机

乌兹别克斯坦　全国政协委员　中国新闻周刊

西部大开发战略　政府采购话语权

医疗卫生体制改革　朝核问题六方会谈

联合国货币基金组织　诺贝尔和平奖获得者

联合国安理会常任理事国

侵华日军南京大屠杀遇难同胞纪念馆

国家中长期科学和技术发展规划纲要

国家突发公共事件医疗卫生救援应急预案

中华人民共和国进出口商品检验法实施条例

（五）双音节词声调对比练习

共生—共同—共处—共事　古书—古玩—古典—古迹

善心—善良—善举—善意　礼单—礼服—礼品—礼物

阴天—阴沉—阴冷—阴暗　演出—演员—演讲—演戏

潮汐—潮流—潮水—潮汛　攻关—攻读—攻取—攻陷

产生—产值—产品—产量　起身—起程—起跑—起步

敢说—敢为—敢想—敢干　演出—演员—演讲—演戏

医学—文学—法学—化学　夸耀—荣耀—显耀—炫耀

教师—教材—教导—教具　边关—边防—边卡—边境

功绩—成绩—伟绩—政绩　钟表—怀表—秒表—电表

（六）声调综合练习

1.绕口令练习

佟同志和通同志

佟同志用铜质版印通知，

与佟同志同职的通同志去通州发通知，

佟同志知道同职的通同志受伤刚痛止，

就代替通同志去通州发佟同志用铜质版印的通知。

妈妈骑马

妈妈骑马，马慢妈妈骂马；

妞妞骑牛，牛拗妞妞扭牛；

姥姥喝酪，酪落姥姥捞酪；
舅舅架鸠，鸠飞舅舅揪鸠。

倒吊鸟

梁上有两对倒吊鸟，泥里有两对鸟倒吊；
泥里有两对鸟倒吊，梁上有两对倒吊鸟。
梁上的两对倒吊鸟惦记着泥里的两对鸟倒吊，
泥里的两对鸟倒吊也惦记着梁上的两对倒吊鸟。

宝石剑

世间有石剑，记载竹湿笺，
考察费时间，开采事更艰。
实践再实践，石剑方始见，
采来宝石剑，世间大事件。

2.古诗词练习

静夜思

〔唐〕李　白

床前明月光，疑是地上霜。
举头望明月，低头思故乡。

芙蓉楼送辛渐

〔唐〕王昌龄

寒雨连江夜入吴，平明送客楚山孤。
洛阳亲友如相问，一片冰心在玉壶。

春晓

〔唐〕孟浩然

春眠不觉晓，处处闻啼鸟。
夜来风雨声，花落知多少。

如梦令·元旦

毛泽东

宁化、清流、归化，路隘林深苔滑。
今日向何方，直指武夷山下。
山下山下，风展红旗如画。

四声歌

四声歌

学好声韵辨四声，阴阳上去要分明。
部位方法须找准，开齐合撮属口型。
双唇班报必百波，抵舌当地斗点丁。
舌根高狗坑耕故，舌面积结教坚精。
翘舌主争真志照，平舌资责早再增。
擦音发翻飞分副，送气查柴产彻称。
合口呼舞枯湖古，开口河坡歌安争。
撮口虚学寻徐剧，齐齿衣优摇夜英。
前鼻恩因烟弯稳，后鼻昂迎中拥生。
咬紧字头归字尾，阴阳上去记变声。
循序渐进坚持练，不难达到纯和清。

第五节　语流音变训练

在连续的语流中，一个音由于受邻近音的影响，或因自身所处地位的不同，或因说话的快慢、高低、强弱的不同而在发音上产生一些变化，这种现象叫“语流音变”。

一、轻声

轻声是四声之外的一种特别的声调。在词语或句子里，有的音节常常失去原有的声调而读成又轻又短的调子，这种又轻又短的调子就是轻声。

序号	轻声规律	示例
1	语气词“吧、吗、啊、呢”等	好吧、走吧、疼吗、好吗、行啊、看啊、你呢、哪儿呢
2	助词“的、地、得、了、过、着”等	大的、用的、好好地、买得起、放得下
3	方位词“上、下、边、面、头”等	墙上、天上、底下、脚下、里边、那边
4	部分重叠词	哥哥、娃娃、猩猩、说说、谈谈、走走
5	双音动词重叠式（ABAB）的第二、四音节	研究研究、考虑考虑、打扫打扫
6	重叠词中间插入“一、不”等	走一走、看一看、吃不吃、笑不笑
7	名词后缀“子、儿、么”和表示复数的“们”	鼻子、胖子、盼头、馒头、老头儿
8	部分量词	三个人、吃顿饭、写封信
9	动词、形容词后面表示趋向的词“来、去、起来、下去”等	出来、进去、上去、下来、回来
10	常用的双音节词的第二个音节	明白、暖和、萝卜、玻璃、葡萄、知道

二、儿化

(一)儿化的作用

(1)表示喜爱、亲切的情感。例如:这小孩儿是她妈妈的心肝儿宝贝!

(2)表示少、小或轻微的意思。例如:别为这一小点儿小事儿就生气!

(3)区分词性。例如:请帮我把水杯盖儿盖上吧!("盖儿"是名词,"盖"是动词)

(4)区别词义。例如:你怎么又迟到了!今天早上头儿发火了。("头儿"是指领导)

小姑娘头上戴朵花。("头"是指脑袋)

(二)儿化的规律

序号	儿化规律		示例
1	儿化后韵母不变	韵母尾音是 ɑ、o、e、u 的,直接加卷舌动作	嘴角儿 浪花儿 粉末儿 小盒儿 主角儿 离谱儿
2		韵母是 i、ü 的音节,保留原韵母,加央元音 ə,再加卷舌动作	玩意儿 小曲儿
3	儿化后韵母改变	韵母尾音是-n 的韵尾,-n 丢失,再加卷舌动作	路边儿 用劲儿
4		韵母尾音是-ng 的,韵尾-n 丢失,元音鼻化,再加卷舌动作	茶缸儿 药方儿 竹筐儿

续表

序号	儿化规律		示例
5	儿化后韵母改变	韵母是 ai、ei 的,卷舌时韵尾丢失,有的要改变韵腹或增音	窗台儿 同辈儿
6		韵母是舌尖特殊元音-i(前)、-i(后)以及 ê 的,变成央元音,再加卷舌动作	找刺儿 柳丝儿 树枝儿

三、变调

(一)上声的变调

序号	变调规律	示例
1	"上声+非上声"变调为"半上(只降不升,由 214,变调为 21)+非上声"	上声+阴平:首都、火车、雨衣 上声+阳平:祖国、补偿、乞求 上声+去声:本质、法律、北部 上声+轻声:奶奶、耳朵、影子
2	"上声+上声" 变调为"阳平(35)+上声(214)"	上声+上声:保养、尽管、老板

(二)去声变调

序号	变调规律	示例
1	两个去声音节相连,前面的去声变调为"半去"(53)调值,不降到底	废弃、变调、败诉、费劲
2	在非去声音节前仍读全去声(51)	电灯、杠铃、父母、后头

(三)“一”“不”的变调

1.“一”的变调

序号	变调规律	示例
1	读阴平:(1)单独使用 (2)用在词句末尾 (3)作为序数词	一、始终如一、第一
2	读阳平:在去声前	一道、一度、一会儿、一唱一和
3	读去声:在非去声(阴平、阳平、上声)前	一心、一团、一口、一起
4	读轻声:嵌在重叠动词中间	听一听、谈一谈、想一想、看一看

2.“不”的变调

序号	变调规律	示例
1	读去声:(1)单独使用 (2)在词句末尾 (3)非去声前(阴平、阳平、上声)	不、不说、不玩、不写、不高、不知道
2	读阳平:在去声前	不看、不错、不去、不对、不够、不要
3	读轻声:(1)嵌在重叠动词或形容词中间 (2)做补语的动词或形容词之前	信不信、听不听、好不好、美不美、做不好、来不了

四、“啊”的音变

序号	音变规律	示例
1	在句首和单独使用时读本音“啊”	啊(ā)！祖国，我的母亲！ 啊(á)，你怎么能这样？ 啊(à)，好吧！
2	在 a、o、e、i、ü、ê 后读 ya，可写作“呀”	他啊！ 快点儿说啊！ 这是一只鹅啊！ 我们要提高警惕啊！ 快点儿去啊！
3	在韵母尾音 u 后读 ua，可写作“哇”	你们真是一见如故啊！ 这么小啊！ 怎么不走啊？
4	在韵母尾音-n 后读 na，可写作“哪”	他可真不简单啊！ 大家可要小心啊！
5	在韵母尾音-ng 后读 nga，仍可写作“啊”	北方的冬天可真冷啊！ 这孩子多漂亮啊！ 怎么这么凶啊！ 好猖狂啊！
6	在韵母尾音-i(后)后读 ra，仍可写作“啊”	大家赶快吃啊！ 到底什么事啊？ 今天是周日啊！
7	在韵母尾音-i(前)后读 za，仍可写作“啊”	这是谁写的毛笔字啊！ 这是李清照的词啊！ 那边是清真寺啊！

五、词的轻重格式

在语言交流中，每句话里的双音节词或多音节词，字音的气息强度和发音长短都会略有不同，有着轻、中、重的区别。将短而轻的音节称为“轻”，将长而强的音节称为“重”，介于两者之间，称为“中”。在表达时，正确掌握词的轻重格式，会使发音清晰、自然。字词发音轻、中、重是相对而言的，读起来不能太过生硬。在不同的语言环境和表达目的下，轻重格式也会有所变化，属于正常情况。

序号	音节词	轻重格式	示例
1	双音节词语的轻重音格式	“中-重”格式	天津、北京、广播、人民、专家
		“重-中”格式	正月、战士、记者、作家、困难
		“重-轻”格式	丈夫、人们、东西、钥匙、萝卜
2	三音节词语的轻重音格式	“中-中-重”格式	共产党、东方红、国务院、研究所
		“中-轻-重”格式	抱不平、对不起、冷不防、数得着
		“中-重-轻”格式	老头子、巧媳妇、花骨朵、硬骨头
		“重-轻-轻”格式	孩子们、姑娘家、飞起来、朋友们
3	四音节词语的轻重音格式	“中-重-中-重”格式	儿童广播、友谊第一、安居乐业
		“中-轻-中-重”格式	高高兴兴、不好意思、说不过去
		“重-中-中-重”格式	义不容辞、惨不忍睹、诸如此类

六、语流音变基本功训练

轻声示范

(一)轻声

1.轻声词语训练

饭前—饭钱　酒菜—韭菜　服气—福气　笔试—比试

不分—部分　近来—进来　人家—人家　行礼—行李

地下—地下　老子—老子　笔画—比画　电子—垫子

蛇头—舌头　兄弟—兄弟　地道—地道　东西—东西

2.双音节词语

刀子 车子 孙子 丫头 后头 胳膊 抽屉 姑娘

师傅 苍蝇 哆嗦 他们 朋友 时候 黄瓜 记得

心思 知识 扎实 软和 那边 在乎 老婆 模糊

月亮 似的 亲家 簸箕 相声 稳当 便宜 别扭

3.绕口令练习

做买卖

买卖人做买卖,买卖不公没买卖,
没买卖没钱做买卖,
买卖人做买卖得实在。

头和子

天上日头,嘴里舌头,门上锁头,
地上石头,桌上馒头,手掌指头。
屋子里有箱子,箱子里有匣子,
匣子里有盒子,盒子里有镯子,
镯子外面有盒子,盒子外面有匣子,
匣子外面有箱子,箱子外面有屋子。

儿化示范

(二)儿化

1.字词练习

帮忙儿 宝贝儿 瓜子儿 光棍儿 模特儿 纳闷儿

标签儿 媳妇儿 香水儿 旗袍儿 病号儿 窗帘儿

单间儿　账本儿　找碴儿　饭盒儿　没事儿　干活儿

花园儿　火锅儿　假条儿　胶卷儿　接班儿　靠边儿

抠门儿　口罩儿　裤衩儿　快板儿　拉链儿　老伴儿

2.绕口令练习

练字音儿

进了门儿,倒杯水儿,
喝了两口儿运运气儿。
顺手儿拿起小唱本儿,
唱一曲儿,又一曲儿。
练完了嗓子我练嘴皮儿,
绕口令儿,练字音儿,
还有单弦牌子曲儿,
小快板儿,大鼓词儿,
越说越唱我越带劲儿。

小哥俩儿

小哥俩儿,红脸蛋儿,
手拉手儿,一块儿玩儿。
小哥俩儿,一个班儿,
一路上学唱着歌儿。
学造句,一串串儿,
唱新歌儿,一段段儿,
学画画儿,不贪玩儿。
画小猫儿,钻圆圈儿,

画小狗儿，蹲庙台儿，
画只小鸡儿吃小米儿，
画条小鱼儿吐水泡儿。
小哥俩，对脾气儿，
上学念书不费劲儿，
真是父母的好宝贝儿。

变调示范

(三)变调

1.上声变调

(1)上声+阴平(21+55)

眼睛 礼花 省心 警花 捕捞 老师
主编 把关 贬低 饼干 补充 打针

(2)上声+阳平(21+35)

古人 可能 厂房 起床 品尝 旅行
举行 火柴 海洋 典型 导游 表达

(3)上声+去声(21+51)

百货 小麦 讲话 美术 狡辩 稿件
保证 保护 宝贝 女士 尽量 理发

(4)上声+轻声(21+轻声)

姥姥 马虎 打扮 底下 里面 外头
主子 影子 本事 姐姐 小气 厂子

(5)"上声+上声"(35+214)

保险 敏感 党委 本领 引导 古老
语法 产品 宝塔 审美 整理 景点

2.去声变调

笑料　立刻　电扇　大会　电话　炸药

赤道　气力　照相　教室　算术　借鉴

3."一""不"的变调

(1)"一"的变调练习

双音节:统一　第一　初一　一班　一半

一度　一口　一定　一边　一年

三音节:一个人　一件事　一杯酒　一本书

说一说　躺一躺　尝一尝　玩一玩

四音节:始终如一　国家统一　一刻千金　一念之差

一五一十　一模一样　整齐划一　百里挑一

大年初一　功亏一篑　一气呵成　独树一帜

一窍不通　红极一时　九牛一毛　一本正经

一笔勾销　九死一生　如出一辙　一心一意

一唱一和　一年一度　一丝一毫　一颦一笑

(2)"不"的变调练习

双音节:不安　不朽　不恭　不管　不断　不凡

不曾　不乏　不妨　不成　不端　不法

不逊　不必　不够　不便　不但　不顾

三音节:不成材　不成文　不见得　不要紧　不得已

不成器　不相干　不起眼　不周到　不道德

不动产　好不好　贵不贵　能不能　不自量

不锈钢　看不清　走不远　起不来　说不定

四音节:不寒而栗　不劳而获　不计其数　不动声色

不管不顾　不闻不问　不谋而合　不言而喻

不遗余力　不共戴天　不着边际　不卑不亢

不清不白　不慌不忙　不可一世　不可理喻

(3)绕口令练习

一字歌

一个大一个小,一件衣服一顶帽。
一边多一边少,一打铅笔一把刀。
一个大一个小,一只西瓜一颗枣。
一边多一边少,一盒饼干一块糕。
一个大一个小,一只肥猪一只猫。
一边多一边少,一群大雁 一直鸟。
一边唱一边跳,大小多少记得牢。

找父母

有一位不高不矮的老头儿,领着一个不大不小的男孩儿,去找不老不小的父母。爷孙俩不慌不忙地走着,前后左右地张望着,在一个不上不下的台阶儿上,看见了不动声色的父母,抱着一对不好不坏的小狮子,正不知所措地站立着。看见爷孙一起走来,这对夫妇不好意思地向一老一小道了过失。

(四)“啊”的音变

是他啊!　真多啊!　你才十四啊!　同志们,冲啊!

这么沉啊!　这是谁啊?　真可爱啊!　在哪住啊?

大家跳啊!　怎么办啊?　前方注意啊!　好大的雨啊!

大家加油干啊！　这是什么车啊？　大家一起学啊！

快开门儿啊！　他在写字啊？　这里的条件真好啊！

这是金丝猴儿啊！　身上这么多土啊！　你去过几次啊？

这是一件大事啊！　他的歌声多好听啊！

(五)轻重格式

轻重格式示范

1.双音节词语的轻重音格式

(1)“中—重”格式

革命　动员　周刊　地震　教室　成就　马路　资料

开放　广州　实现　出版　交通　领域　出路　黄金

时代　容颜　自然　宝贵　人生　阅读　信奉　刻苦

(2)“重—中”格式

温度　视觉　硕士　艺术　挫折　人类　秋天　错误

实惠　义务　教育　家务　读者　幸福　听觉　界限

颜色　声音　形象　责任　气味　性质　情感　价值

(3)“重—轻”格式

玻璃　任务　意思　动静　力气　价钱　稀罕　名堂

快活　合同　乡下　舒服　部分　清楚　老婆　头发

刺猬　扁担　风筝　窗户　朋友　喉咙　扫帚　核桃

2.三音节词语的轻重音格式

(1)“中—中—重”格式

火车站　东道主　立交桥　计算机　井冈山　收音机

呼吸道　建筑物　天安门　展览馆　党支部　国际歌

(2)“中—轻—重”格式

窝囊废　过不去　保不齐　备不住　小不点　吃不消

动不动　对不起　说得来　生意经　冷不防　数得着

(3)“中—重—轻”格式

老师们　做生意　菜篮子　抽工夫　老伙计　背地里

山核桃　好意思　胡萝卜　过日子　小姑娘　命根子

(4)“重—轻—轻”格式

弟兄们　伙计们　跑进去　出来了　拎起来　拿过去

桌子上　屋子里　耳朵里　地底下　先生们　落下来

3.四音节词语的轻重音格式

(1)“中—重—中—重”格式

昂首阔步　丰衣足食　安分守己　鹤发童颜　龙飞凤舞

翻江倒海　五湖四海　心旷神怡　天长地久　博古通今

轻歌曼舞　根深蒂固　移风易俗　年富力强　耳濡目染

(2)“中—轻—中—重”格式

大大方方　噼里啪啦　乌鲁木齐　黑不溜秋　老实巴交

花里胡哨　迫不及待　整整齐齐　断断续续　嘻嘻哈哈

(3)“重—中—中—重”格式

一扫而空　美不胜收　相形之下　敬而远之　面如刀割

目不暇接　惨不忍睹　义不容辞　诸如此类　疲于奔命

(六)综合练习

下　雪

下雪了,雪花儿像鹅毛一样从天上飘下来,落在山上、田野上、房子上、大树上,盖了一层又一层,全是白茫茫的了。

雪停了,太阳出来了。山啊、田野啊、房子啊、大树啊,全都变了样儿了,都穿上了白色外衣。校旁那两座小塔,都带了顶白帽子,比平常更好看了。下课后,同学们都到院子里来了。大家滑雪、扔雪球儿、堆雪人儿。他们的脸跟鼻子都冻得红红的,可还是玩儿得很起劲儿。

第四章　有声语言表达训练

第一节　有声语言表达技巧

有声语言表达,是将文字语言转化成有声语言,对文字作品进行的二度创作。

在有声语言表达时,要深入了解作者的写作意图、文章要表达的中心思想,通过对中心思想的准确理解和掌控,展开对稿件的有声语言创作。创作者要充分发挥想象力,将丰富的情感融入其中。在创作心理上,可尝试将自己想象成该文稿的作者,抑或是身在现场的目击者,以便更准确地传递出事件信息。在表现手法上,要做到以情带声,根据文章情节和内在逻辑的延展,随时调整强弱虚实的音色变化和抑扬顿挫的节奏转换,以取得最佳的表达效果。在表现过程中切不可矫揉造作、装腔作势。

有声语言表达时需掌握不同的表达技巧,以便更好地进行创作。具体方法和技巧参考如下:

一、备稿六步

第一步:划分层次。

首先从整体上把握文章结构,了解稿件的布局和序列,对稿件的句子和段落进行归并、划分。归并指把整篇文章中联系紧密的大段进行归并;划分指将一个自然段内联系紧密的句子划分为小层次。归并和划分要服从表情达意的需要。

第二步:概括主题。

主题也就是我们所说的"中心思想",从文章中的人物、事件的发生和发展中,挖掘稿件的思想内涵和作者的创作意图。这样有利于调动情感。

第三步:联系背景。

新闻类稿件的背景主要是与稿件有关的党和政府的路线、方针、政策、国内、国际各方面的现实情况及其变化;文学作品类稿件的背景主要是作者在创作时的历史背景、写作背景和心理状态。

第四步:明确目的。

明确目的是指有声语言表达前要明确作者在创作时的目的是什么。需要结合创作时的现实情况、作品内容、接收信息的对象等进行分析和确认。只有明确创作目的,才能准确把握有声语言表达的方式和态度分寸。

第五步:找出重点。

重点是直接表现文章主题、体现目的、感染受众的部分。重点有集中和分散两种存在形式。集中是指重点存在于某一句话、某一个或几个自然段;分散是指重点分散在全篇稿件中,虽然分散于全篇稿件,但并不是平均分散。每篇文章都有重点,继而表现出创作目的,没有重点就没有价值,全篇都是重点等于没有重点。在播讲/朗诵的时候,有声语言表达主体应准确找到重点进行创作。

第六步：确定基调。

基调是指稿件总的感情色彩和分量，并不是指其中的某一句或某一段，而是指总的态度倾向。作为有声语言表达主体要充分理解稿件，感受其整体效果。在进行有声语言表达时，有声语言表达主体的风格各有不同，有高亢、凝重、明快和风趣等，这都是不同文章、不同基调下的不同表现方式。基调要概括得贴切、态度鲜明、有整体感。

二、内部技巧

（一）情景再现

情景再现指进入文章的情境之中，深入了解文章创作时的历史背景、作者想要表达的思想感情。有声语言表达过程中，有声语言表达主体要设身处地地将自己置身于文本中，来表现作者想要传递的信息和表述的情感，而不仅仅是读别人写的文字。同时，有声语言表达主体通过运用不同的表达技巧，将受众带入情境之中，形成连续的、活动的画面，并不断引发受众相应的态度、感情的变化。

情景再现过程主要分四步：理清头绪、设身处地、触景生情和现身说法。

（二）内在语

内在语指文章中文字语言不便表露、不能表露或没有完全显露出来的语句关系和语句本质，通常会使用与实际表意不同的词句。有声语言表达时,要挖掘文字背后的真实含意,并领会其真实想法,将之准确地表现出来。按性质和作用不同,大致分为发语性内在语、寓意性内在语、关联性内在语、提示性内在语、回味性内在语和反语性内在语。

(三)对象感

有声语言表达要有对象感,"和谁说"是非常重要的一部分。不同类型的文章受众会有所不同,有写给所有人的,也有给情侣、给家人、给友人的,它们各有不同。在播读/朗诵时,虽然有声语言表达主体多数情况下不直面受众,但要做到心里有他们,正在与其对话的状态,形成有声语言表达主体与受众之间的交流与呼应。

三、外部技巧

(一)停连

停连包括停顿和连接两个方面,只有准确的停连才能更好地传情达意。停与连既是生理需要也是心理需要,还是内容表达、感情运动的需要。处理方法主要有:

1.停顿

(1)扬停。停顿时间较短,声停韵未停,停时声音向上或者拉平的停顿方式。适用于分句关系密切、共同陈述一个内容,意思没有说完但还需要停顿的语句。

(2)落停。一个句子将完整的意思表达完之后,停顿时间相对加长,句尾声音顺势而落的停顿方式。

2.连接

(1)直连。用于有标点符号,内容联系比较紧密的地方,采用顺势连接的方式,紧连快带,有时甚至不用换气,给人中间没有接点的感觉。

(2)曲连。一般用于标点符号两边既需要连接又需要有所区分的地方,特别是一连串顿号相间,或者是排比句式的连接点,给人似停非停之感。处理时,需要内容前后连贯,停中带连,环环向前。

(二)重音

重音在表情达意时有强调重点、突出主要情感的作用。在有声语言表达时,表达者要根据文章的需求,将其中的字、词和句,通过不同的声音、语气和语调来传达或强调其意。一篇文章中有主次、轻重之分,准确找到重音的位置进行表意,才能表现出作者的真正意图。主要表现手法有:

1.高低强弱法

用声音的轻重、高低来强调重音,做到欲高先低、欲强先弱、低后渐高、弱中渐强。

2.快慢语速法

通过声音的急缓、长短、停连来强调重音。

3.虚实结合法

通过声音的虚实变化来强调重音。

(三)语气

语气有不同的走势,即语势。语势的类型主要有:

1.波峰类

声音的发展态势是由低向高再向低行进的,状如波峰。

2.波谷类

声音由高向低再向高发展,即句头、句尾较高,句腰较低,状如波谷。

3.上山类

声音由低向高发展。即句头最低,句尾最高,状如登山。有时是步步高,有时是盘旋而上。

4.下山类

特点是句头最高,之后顺势而下,状如下山。有时是直线而下,有时则呈蜿蜒曲折而下的态势。

5.半起类

特点是句头较低,而后呈上行趋势,行至中途,气提声止。由于没有行至最高点,所以称为半起。

(四)节奏

是由全篇稿件生发出来的、表达者思想感情的波澜起伏所造成的抑扬顿挫、轻重缓急的声音形式的循环往复。主要类型有:轻快型、舒缓型、紧张型、低沉型、高亢型和凝重型。

第二节　有声语言表达实训

诗　歌

诗歌是一种语言精练、感情强烈、想象丰富的文学体裁。它通过有韵律、有节奏的语言来表达情感，展现生活。不同诗歌所表达的情感大不相同，表达者在表达时，要进入诗歌创作时的场景，体察诗人当时的喜怒哀乐，运用不同的语气、语调和节奏等方式朗诵，读出节拍、韵脚和音乐感。

一、古诗词

（一）五言诗

饮　酒

饮　酒

〔晋〕陶渊明

结庐在人境，而无车马喧。
问君何能尔，心远地自偏。
采菊东篱下，悠然见南山。
山气日夕佳，飞鸟相与还。
此中有真意，欲辨已忘言。

游子吟

〔唐〕孟　郊

慈母手中线，游子身上衣。
临行密密缝，意恐迟迟归。
谁言寸草心，报得三春晖。

游子吟

送杜少府之任蜀州

〔唐〕王　勃

城阙辅三秦，风烟望五津。
与君离别意，同是宦游人。
海内存知己，天涯若比邻。
无为在歧路，儿女共沾巾。

（二）七言诗

题都城南庄

〔唐〕崔　护

去年今日此门中，人面桃花相映红。
人面不知何处去，桃花依旧笑春风。

题都城南庄

题菊花

〔唐〕黄　巢

飒飒西风满院栽，蕊寒香冷蝶难来。
他年我若为青帝，报与桃花一处开。

题菊花

凉州词二首(其一)

〔唐〕王　翰

葡萄美酒夜光杯，欲饮琵琶马上催。

醉卧沙场君莫笑，古来征战几人回？

(三)词

鹊桥仙 · 纤云弄巧

鹊桥仙 · 纤云弄巧

〔宋〕秦　观

纤云弄巧，飞星传恨，银汉迢迢暗度。金风玉露一相逢，便胜却人间无数。

柔情似水，佳期如梦，忍顾鹊桥归路。两情若是久长时，又岂在朝朝暮暮。

虞美人 · 春花秋月何时了

〔南唐〕李　煜

春花秋月何时了，往事知多少？小楼昨夜又东风，故国不堪回首月明中。

雕栏玉砌应犹在，只是朱颜改。问君能有几多愁？恰似一江春水向东流。

念奴娇 · 赤壁怀古

〔宋〕苏　轼

大江东去，浪淘尽，千古风流人物。故垒西边，人道是，三国周郎赤壁。乱石穿空，惊涛拍岸，卷起千堆雪。江山如画，一时多少豪杰。

遥想公瑾当年，小乔初嫁了，雄姿英发。羽扇纶巾，谈笑间，樯橹灰飞烟灭。故国神游，多情应笑我，早生华发。人生如梦，一樽还酹江月。

（四）文言文

陋室铭

〔唐〕刘禹锡

陋室铭

山不在高，有仙则名。水不在深，有龙则灵。斯是陋室，惟吾德馨。苔痕上阶绿，草色入帘青。谈笑有鸿儒，往来无白丁。可以调素琴，阅金经。无丝竹之乱耳，无案牍之劳形。南阳诸葛庐，西蜀子云亭。孔子云：何陋之有？

小石潭记

〔唐〕柳宗元

从小丘西行百二十步，隔篁竹，闻水声，如鸣珮环，心乐之。伐竹取道，下见小潭，水尤清冽。全石以为底，近岸，卷石底以出，为坻，为屿，为嵁，为岩。青树翠蔓，蒙络摇缀，参差披拂。

潭中鱼可百许头，皆若空游无所依。日光下澈，影布石上。佁然不动；俶尔远逝，往来翕忽。似与游者相乐。

潭西南而望，斗折蛇行，明灭可见。其岸势犬牙差互，不可知其源。

坐潭上，四面竹树环合，寂寥无人，凄神寒骨，悄怆幽邃。以其境过清，不可久居，乃记之而去。

同游者：吴武陵，龚古，余弟宗玄。隶而从者，崔氏二小生：曰恕己，曰奉壹。

爱莲说

〔宋〕周敦颐

水陆草木之花，可爱者甚蕃。晋陶渊明独爱菊。自李唐来，世人甚爱牡丹。予独爱莲之出淤泥而不染，濯清涟而不妖，中通外直，不蔓不枝，香远益清，亭亭净植，可远观而不可亵玩焉。

予谓菊，花之隐逸者也；牡丹，花之富贵者也；莲，花之君子者也。噫！菊之爱，陶后鲜有闻。莲之爱，同予者何人？牡丹之爱，宜乎众矣！

二、近现代诗歌

再别康桥

再别康桥

徐志摩

轻轻的我走了，
正如我轻轻的来；
我轻轻的招手，
作别西天的云彩。

那河畔的金柳，
是夕阳中的新娘；
波光里的艳影，
在我的心头荡漾。

软泥上的青荇，
油油的在水底招摇；
在康河的柔波里，
我甘心做一条水草！

那榆荫下的一潭，
不是清泉，是天上虹；
揉碎在浮藻间，

沉淀着彩虹似的梦。

寻梦？撑一支长篙，
向青草更青处漫溯，
满载一船星辉，
在星辉斑斓里放歌。

但我不能放歌，
悄悄是别离的笙箫；
夏虫也为我沉默，
沉默是今晚的康桥！

悄悄的我走了，
正如我悄悄的来；
我挥一挥衣袖，
不带走一片云彩。

面朝大海，春暖花开

海　子

面朝大海，春暖花开

从明天起，做一个幸福的人
喂马、劈柴，周游世界
从明天起，关心粮食和蔬菜
我有一所房子，面朝大海，春暖花开

从明天起，和每一个亲人通信
告诉他们我的幸福
那幸福的闪电告诉我的
我将告诉每一个人

给每一条河、每一座山取一个温暖的名字
陌生人，我也为你祝福
愿你有一个灿烂的前程
愿你有情人终成眷属

愿你在尘世获得幸福

我只愿面朝大海，春暖花开

乡 愁

乡 愁

余光中

小时候，
乡愁是一枚小小的邮票，
我在这头，
母亲在那头。

长大后，
乡愁是一张窄窄的船票，
我在这头，
新娘在那头。

后来啊，
乡愁是一方矮矮的坟墓，
我在外头，
母亲在里头。

而现在，
乡愁是一湾浅浅的海峡，
我在这头，
大陆在那头。

青 春

青 春

席慕蓉

所有的结局都已写好
所有的泪水也都已启程
却忽然忘了是怎么样的一个开始
在那个古老的不再回来的夏日

无论我如何地去追索
年轻的你只如云影掠过

而你微笑的面容极浅极淡
逐渐隐没在日落后的群岚

遂翻开那发黄的扉页
命运将它装订得极为拙劣
含着泪,我一读再读
却不得不承认
青春是一本太仓促的书

雨 巷

戴望舒

撑着油纸伞,独自
彷徨在悠长,悠长
又寂寥的雨巷,
我希望逢着
一个丁香一样地
结着愁怨的姑娘。

她是有
丁香一样的颜色,
丁香一样的芬芳,
丁香一样的忧愁,
在雨中哀怨,
哀怨又彷徨。

她彷徨在这寂寥的雨巷,
撑着油纸伞
像我一样,
像我一样地
默默彳亍着,
冷漠,凄清,又惆怅

她静静地走近
走近,又投出
太息一般的眼光,
她飘过
像梦一般的,
像梦一般的凄婉迷茫。

像梦中飘过
一枝丁香的
我身旁飘过这女郎；
她静默地远了，远了，
到了颓圮的篱墙，
走尽这雨巷。

在雨的哀曲里，
消了她的颜色，
散了她的芬芳
消散了，甚至她的
太息般的眼光，
丁香般的惆怅。

撑着油纸伞，独自
彷徨在悠长，悠长
又寂寥的雨巷，
我希望逢着
一个丁香一样的
结着愁怨的姑娘。

祖国啊，
我亲爱的祖国

祖国啊，我亲爱的祖国

舒　婷

我是你河边上破旧的老水车，
数百年来纺着疲惫的歌；
我是你额上熏黑的矿灯，
照你在历史的隧洞里蜗行摸索
我是干瘪的稻穗，是失修的路基；
是淤滩上的驳船
把纤绳深深
勒进你的肩膊，
——祖国啊！
我是贫困，
我是悲哀。
我是你祖祖辈辈
痛苦的希望啊，
是“飞天”袖间
千百年未落到地面的花朵，
——祖国啊！

我是你簇新的理想，
刚从神话的蛛网里挣脱；

我是你雪被下古莲的胚芽；
我是你挂着眼泪的笑涡；
我是新刷出的雪白的起跑线；
是绯红的黎明
正在喷薄；
—— 祖国啊！

我是你的十亿分之一，
是你九百六十万平方的总和；
你以伤痕累累的乳房
喂养了
迷惘的我、深思的我、沸腾的我；
那就从我的血肉之躯上
去取得
你的富饶、你的荣光、你的自由；
——祖国啊，
我亲爱的祖国！

你是人间的四月天

林徽因

我说你是人间的四月天；
笑响点亮了四面风；
轻灵在春的光艳中交舞着变。

你是四月早天里的云烟，
黄昏吹着风的软，
星子在无意中闪，细雨点洒在花前。

那轻，那娉婷，你是，
鲜妍百花的冠冕你戴着，
你是天真，庄严，你是夜夜的月圆。

雪化后那片鹅黄，你像；

新鲜初放芽的绿,你是;
柔嫩喜悦,水光浮动着你梦期待中白莲。

你是一树一树的花开,
是燕在梁间呢喃,——你是爱,是暖,
是希望,你是人间的四月天!

旅　行

汪国真

凡是遥远的地方
对我们都有一种诱惑
不是诱惑于美丽
就是诱惑于传说
即使远方的风景
并不尽如人意
我们也无需在乎
因为这实在是一个
迷人的错
到远方去
到远方去
熟悉的地方没有景色

两　天

许　由

我只有两天
我从没有把握
一天用来出生,一天用来死亡

我只有两天
我从没有把握
一天用来希望,一天用来绝望

我只有两天
每天都在幻想
一天用来想你，一天用来想我

我只有两天
我从来没有把握
一天用来路过，另一天还是路过……

世界上最远的距离

〔印度〕泰戈尔

世界上最远的距离
不是生与死的距离
而是我就站在你面前
你却不知道我爱你

世界上最远的距离
不是我站在你面前
你不知道我爱你
而是爱到痴迷
却不能说我爱你

世界上最远的距离
不是我不能说我爱你
而是想你痛彻心脾
却只能深埋心底

世界上最远的距离
不是我不能说我想你
而是彼此相爱
却不能够在一起

世界上最远的距离
不是彼此相爱
却不能够在一起
而是明知道真爱无敌
却装作毫不在意

世界上最远的距离
不是树与树的距离
而是同根生长的树枝
却无法在风中相依

世界上最远的距离
不是树枝无法相依
而是相互瞭望的星星
却没有交汇的轨迹

世界上最远的距离
不是瞬间便无处寻觅
而是尚未相遇
便注定无法相聚

世界上最远的距离
不是星星之间的轨迹
而是纵然轨迹交汇
却在转瞬间无处寻觅

世界上最远的距离
是鱼与飞鸟的距离
一个在天
一个却深潜海底

散 文

散文是一种篇幅短小、题材多样、寓意深刻的文学体裁。散文不像诗歌有规整的节奏和韵律，但也同样讲究这些，在朗诵的时候要注意做到“形散而神不散”。多数散文意在通过文章来渗透思想，给予受众一定的启示或引发某种情感。在朗诵时，首先要找到文章的主旨是什么，归纳中心思想、理清稿件脉络，在表达过程中，做到自己就是作者，置身其中，话由心生，把思想准确地传递出去。通过气息的强弱、音色的明暗、节奏的起伏以及语句的疏密，让文章更加生动，表达更加贴切和有吸引力。

春

朱自清

盼望着，盼望着，东风来了，春天的脚步近了。

一切都像刚睡醒的样子，欣欣然张开了眼。山朗润起来了，水涨起来了，太阳的脸红起来了。

小草偷偷地从土里钻出来，嫩嫩的，绿绿的。园子里，田野里，瞧去，一大片一大片满是的。坐着，躺着，打两个滚，踢几脚球，赛几趟跑，捉几回迷藏。风轻悄悄的，草软绵绵的。

桃树、杏树、梨树，你不让我，我不让你，都开满了花赶趟儿。红的像火，粉的像霞，白的像雪。花里带着甜味儿，闭了眼，树上仿佛已经满是桃儿、杏儿、梨儿！花下成千成百的蜜蜂嗡嗡地闹着，大小的蝴蝶飞来飞去。野花遍地是：杂样儿，有名字的，没名字的，散在草丛里，像眼睛，像星星，还眨呀眨的。

“吹面不寒杨柳风”，不错的，像母亲的手抚摸着你。风里带来些新翻的泥土的气息，混着青草味儿，还有各种花的香，都在微微润湿的空气里酝酿。鸟儿将巢安在繁花嫩叶当中，高兴起来了，呼朋引伴地卖弄清脆的喉咙，唱出宛转的曲子，与轻风流水应和着。牛背上牧童的短笛，这时候也成天嘹亮地响着。

雨是最寻常的，一下就是三两天。可别恼，看，像牛毛，像花针，像细丝，密密地斜织着，人家屋顶上全笼着一层薄烟。树叶儿却绿得发亮，小草儿也青得逼你的眼。傍晚时候，上灯了，一点点黄晕的光，烘托出一片安静而和平的夜。在乡下，小路上，石桥边，有撑起伞慢慢走着的人，地里还有工作的农民，披着蓑，戴着笠。他们的房屋，稀稀疏疏的，在雨里静默着。

天上风筝渐渐多了，地上孩子也多了。城里乡下，家家户户，老老小小，也赶趟儿似的，一个个都出来了。舒活舒活筋骨，抖擞抖擞精神，各做各的一份事去。“一年之计在于春”，刚起头儿，有的是工夫，有的是希望。

春天像刚落地的娃娃，从头到脚都是新的，它生长着。

春天像小姑娘，花枝招展的，笑着，走着。

春天像健壮的青年，有铁一般的胳膊和腰脚，领着我们上前去。

爱

爱

张爱玲

这是真的。

这个村庄的小康之家的女孩子，生得美，有许多人来做媒，但都没有说成。

那年她不过十五六岁吧，是春天的晚上，她立在后门口，手扶着桃树。她记得她穿的是一件月白的衫子。对门的年轻人同她见过面，可是从来没有打过招呼的，他走了过来。离的不远，站定了，轻轻地说了一声："哦，你也在这里吗？"她没有说什么，他也没有再说什么，站了一会，各自走开了。

就这样就完了。

后来这女子被亲眷拐子卖到他乡外县去做妾，又几次三番地被转卖，经过无数的惊险的风波，老了的时候她还记得从前那一回事，常常说起，在那春天的晚上，在后门口的桃树下，那年轻人。

于千万人之中遇见你所遇见的人，于千万年之中，时间的无涯的荒野里，没有早一步，也没有晚一步，刚巧赶上了，那也没有别的话可说，惟有轻轻地问一声："哦，你也在这里吗？"

匆 匆

朱自清

燕子去了，有再来的时候；杨柳枯了，有再青的时候；桃花谢了，有再开的时候。但是，聪明的，你告诉我，我们的日子为什么一去不复返呢？——是有人偷了他们罢：那是谁？又藏在何处呢？是他们自己逃走了罢——现在又到了哪里呢？

匆　匆

我不知道他们给了我多少日子，但我的手确乎是渐渐空虚了。在默默里算着，八千多日子已经从我手中溜去，像针尖上一滴水滴在大海里，我的日子滴在时间的流里，没有声音，也没有影子。我不禁头涔涔而泪潸潸了。

去的尽管去了，来的尽管来着；去来的中间，又怎样地匆匆呢？早上我起来的时候，小屋里射进两三方斜斜的太阳。太阳他有脚啊，轻轻悄悄地挪移了；我也茫茫然跟着旋转。于是——洗手的时候，日子从水盆里过去；吃饭的时候，日子从饭碗里过去；默默时，便从凝然的双眼前过去。我觉察他去的匆匆了，伸出手遮挽时，他又从遮挽着的手边过去，天黑时，我躺在床上，他便伶伶俐俐地从我身上跨过，从我脚边飞去了。等我睁开眼和太阳再见，这算又溜走了一日。我掩着面叹息，但是新来的日子的影儿又开始在叹息里闪过了。

在逃去如飞的日子里，在千门万户的世界里的我能做些什么呢？只有徘徊罢了，只有匆匆罢了；在八千多日的匆匆里，除徘徊外，又剩些什么呢？过去的日子如轻烟，被微风吹散了，如薄雾，被初阳蒸融了；我留着些什么痕迹呢？我何曾留着像游丝样的痕迹呢？我赤裸裸来到这世界，转眼间也将赤裸裸地回去罢？但不能平的，为什么偏要白白走这一遭啊？

聪明的，你告诉我，我们的日子为什么一去不复返呢？

一分钟

一分钟

纪广洋

著名教育家班杰明曾经接到一个青年人的求教电话，于是与那个向往成功、渴望指点的青年人约好了见面的时间和地点。

等到那位青年人如约而至时，班杰明的房门敞开着，眼前的景象令青年人颇感意外——班杰明的房间里乱七八糟、狼藉一片。

没等青年人开口，班杰明就招呼道：你看我这房间，太不整洁了，请你在门外等候一分钟，我收拾一下，你再进来吧。一边说着，班杰明就轻轻关上了房门。

不到一分钟的时间，班杰明又打开了房门并热情地把青年人让进客厅。这时，青年人的眼前展现出另一番景象——房间里的一切已变得井然有序，而且有两杯刚刚倒好的红酒，在淡淡的香水气息里还漾着微波。

可是，没等青年人把满腹的有关人生和事业的疑难问题向班杰明讲出来，班杰明就非常客气地说道："干杯！你可以走了。"

青年人手持酒杯一下子愣住了，既尴尬又非常遗憾地说："可是，我……我还没向您请教呢……"

"这些……难道还不够吗？"班杰明一边微笑着一边扫视着自己的房间，轻言细语地说："你进来又有一分钟了。"

"一分钟……一分钟……"青年人若有所思地说："我懂了，您让我明白了一分钟的时间可以做许多事情，可以改变许多事情的深刻道理。”

班杰明舒心地笑了。青年人把杯里的红酒一饮而尽，向班杰明连连道谢之后，开心地走了。

其实，把握好了生命中的每一分钟，也就是把握了理想的人生。

母　爱

母　爱

这是一个真实的故事。

故事发生在西部一个极度缺水的沙漠地区。这里，每人每天的用水量严格限定为三斤，饮用、洗漱、洗菜、洗衣，包括喂牲口，全都依赖这三斤珍贵的水。这些水还得靠驻军从很远的地方运来。

人缺水不行，牲畜也一样。终于有一天，一头向来温顺的老牛挣脱了缰绳，闯到运水车必经的公路旁。运水的军车来了，老牛迅速冲上公路，司机紧急刹车，停了下来。老牛立在车前，任凭司机怎么呵斥驱赶，它就是不肯挪动半步。五分钟过去了，十分钟过去了，双方仍然僵持着。运水的战士以前也碰到过牲口拦路索水的情形，但它们都不像这头牛这般倔强。人和牛就这样对峙着，性急的司机反复按响喇叭，可老牛仍然一动不动。

后来，牛的主人来了。恼怒的主人扬起长鞭，狠狠地抽打瘦骨嶙峋的老牛。牛被打得哀哀叫唤，但还是不肯让开。鲜血沁了出来，染红了鞭子。它凄厉的叫声，和着沙漠中阴冷的风，显得分外悲壮。一旁的运水战士哭了，司机也哭了。最后，运水的战士说：“就让我违反一次规定吧，我愿意接受一次处分。”他从水车上取出半盆水,放在牛面前。

出人意料的是,老牛没有喝水,而是对着夕阳,仰天长哞,似乎在呼唤什么。一会儿,从不远的沙堆背后跑来一头小牛。老牛慈爱地看着小牛贪婪地喝完水,伸出舌头舔舔小牛的眼睛,小牛也舔舔老牛的眼睛。静默中,人们看到了母子眼中的泪水。没等主人吆喝,它们掉转头,在一片寂静中慢慢地往回走去。

秋天的怀念

秋天的怀念

史铁生

双腿瘫痪后,我的脾气变得暴怒无常。望着望着天上北归的雁阵,我会突然把面前的玻璃砸碎;听着听着李谷一甜美的歌声,我会猛地把手边的东西摔向四周的墙壁。母亲就悄悄地躲出去,在我看不见的地方偷偷地听着我的动静。当一切恢复沉寂,她又悄悄地进来,眼边红红的,看着我。“听说北海的花儿都开了,我推着你去走走。”她总是这么说。母亲喜欢花,可自从我的腿瘫痪以后,她侍弄的那些花都死了。“不,我不去!”我狠命地捶打这两条可恨的腿,喊着:“我活着有什么劲!”母亲扑过来抓住我的手,忍住哭声说:“咱娘儿俩在一块儿,好好儿活,好好儿活……”可我却一直都不知道,她的病已经到了那步田地。后来妹妹告诉我,她常常肝疼得整宿整宿翻来覆去地睡不了觉。

那天我又独自坐在屋里,看着窗外的树叶“唰唰啦啦”地飘落。母亲进来了,挡在窗前:“北海的菊花开了,我推着你去看看吧。”她憔悴的脸上现出央求般的神色。“什么时候?”“你要是愿意,就明天?”她说。我的回答已经让她喜出望外了。“好吧，就明天。”我说。她高兴得一会坐下，一会站起：“那就赶紧准备准备。”“哎呀，烦不烦？几步路，有什么好准备的！”她也笑了，坐在我身边，絮絮叨叨地说着：“看完菊花，咱们就去‘仿膳’，你小时候最爱吃那儿的豌豆黄儿。还记得那回我带你去北海吗？你偏说那杨树花是毛毛虫，跑着，一脚踩扁一个……”她忽然不说了。对于“跑”和“踩”一类的字眼，她比我还敏感。她又悄悄地出去了。

她出去了，就再也没回来。

邻居们把她抬上车时，她还在大口大口地吐着鲜血。我没想到她已经病成那样。看着三轮车远去，也绝没有想到那竟是永远的诀别。

邻居的小伙子背着我去看她的时候，她正艰难地呼吸着，像她那一生艰难的生活。别人告诉我，她昏迷前的最后一句话是：“我那个有病的儿子和我那个还未成年的女儿……”

又是秋天，妹妹推我去北海看了菊花。黄色的花淡雅，白色的花高洁，紫红色的花热烈而深沉，泼泼洒洒，秋风中正开得烂漫。我懂得母亲没有说完的话。妹妹也懂。我俩在一块儿，要好好儿活……

散　步

莫怀戚

我们在田野散步：我，我的母亲，我的妻子和儿子。

母亲本不愿出来的。她老了，身体不好，走远一点就觉得很累。我说，正因为如此，才应该多走走。母亲信服地点点头，便去拿外套。她现在很听我的话，就像我小时候很听她的话一样。

天气很好。今年的春天来得太迟太迟了,但是春天总算来了。我的母亲又熬过了一个严冬。

这南方初春的田野,大块小块的新绿随意地铺着,有的浓,有的淡;树上的嫩芽也密了;田里的冬水也咕咕地起着水泡。这一切都使人想着一样东西——生命。

我和母亲走在前面,我的妻子和儿子走在后面。小家伙突然叫起来:“前面是妈妈和儿子,后面也是妈妈和儿子。”我们都笑了。

后来发生了分歧:母亲要走大路,大路平顺;我的儿子要走小路,小路有意思。不过,一切都取决于我。我的母亲老了,她早已习惯听从她强壮的儿子;我的儿子还小,他还习惯听从他高大的父亲;妻子呢,在外面,她总是听我的。一霎时我感到了责任的重大。我想找一个两全的办法,找不出;我想拆散一家人,分成两路,各得其所,终不愿意。我决定委屈儿子,因为我伴同他的时日还长。我说:“走大路。”

但是母亲摸摸孙儿的小脑瓜,变了主意:“还是走小路吧。”她的眼朝小路望去:那里有金色的菜花,两行整齐的桑树,尽头一口水波粼粼的鱼塘。“我走不过去的地方,你就背着我。”母亲对我说。

这样,我们在阳光下,向着那菜花、桑树和鱼塘走去。到了一处,我蹲下来,背起了母亲,妻子也蹲下来,背起了儿子。我的母亲虽然高大,然而很瘦,自然不算重;儿子虽然很胖,毕竟幼小,自然也轻;但我和妻子都是慢慢地,稳稳地,走得很仔细,好像我背上的同她背上的加起来,就是整个世界。

麻　雀

〔俄〕屠格涅夫

我打猎回来，走在林荫的路上，猎狗跑在我的前面。

突然，我的猎狗放慢脚步。悄悄地向前走，好像闻到了前面有什么野物。

风猛烈地摇着路旁的白桦树，我顺着林荫路望去，看见一只小麻雀呆呆地站在地上，无可奈何地拍打着小翅膀。它嘴角嫩黄，头上长着绒毛，分明才出生不久，是从窝里摔下来的。

猎狗慢慢地走近小麻雀，嗅了嗅，张开大嘴，露出锋利的牙齿。突然，一只老麻雀从一棵树上飞下来，像一块石头似的落在猎狗面前，它蓬起了全身的羽毛，样子很难看，绝望地尖叫着。

老麻雀用自己的身体掩护着小麻雀，想拯救自己的幼儿，可是因为紧张，它小小的身体发抖了，发出嘶哑的声音，它呆立着不动，准备着一场搏斗，在它看来，猎狗是个多么庞大的怪物啊！可是它不能安然地站在高高的没有危险的树枝上，一种强大的力量使它飞了下来。

猎狗怔住了，它可能没有料到老麻雀会有这么大的勇气，慢慢地，慢慢地向后退。

我急忙唤回我的猎狗，带着它走开了。

遇难者的第三个电话

阮红松

当恐怖分子的飞机撞向世贸大楼时，银行家爱德华被困在南楼的五十六层。他清醒地意识到自己已没有生还的可能。

爱德华迅速按下第一个电话。刚举起手机,房顶忽然坍塌,一块水泥重重地将他砸翻在地。他一阵眩晕,知道时间不多了,于是改变主意按下第二个电话。可还没等电话接通,他想起一件更为重要的事情,又拨通了第三个电话……

爱德华的遗体在废墟中被发现后,亲朋好友沉痛地赶到现场,其中有两个人收到过爱德华临终前的手机信号,一个是他的助手,一个是他的私人律师,可遗憾的是,两人都没有听到爱德华的声音。他们查了一下,发现爱德华遇难前曾拨出三个电话。

第三个电话是打给谁的?说了些什么?爱德华无儿无女,又在五年前结束了他失败的婚姻,如今只有一个瘫痪的老母亲,住在旧金山。

当晚,律师赶到旧金山,见到了爱德华悲痛欲绝的母亲。听了律师说明的情况后,母亲泪流满面地说:"他的电话是打给我的。"律师严肃地说:"请原谅,夫人,我想我有权知道电话的内容,这关系到您儿子庞大的遗产的归属权问题,他生前没有立下相关遗嘱。"可母亲摇摇头说:"爱德华的遗言对你毫无用处,先生。我儿子临终前已不关心他留在人世的财富,只对我说了一句话……"

律师含着激动的泪水告别了这位痛失爱子的母亲。

不久,美国一家报纸在醒目的位置刊登了"9·11"灾难中一名美国公民的生命留言:

"妈妈,我爱你!"

海　燕

〔俄〕高尔基

在苍茫的大海上，狂风卷集着乌云。在乌云和大海之间，海燕像黑色的闪电，在高傲地飞翔。

一会儿翅膀碰着波浪，一会儿箭一般地直冲向乌云，它叫喊着，——就在这鸟儿勇敢的叫喊声里，乌云听出了欢乐。

在这叫喊声里——充满着对暴风雨的渴望！在这叫喊声里，乌云听出了愤怒的力量，热情的火焰和胜利的信心。

海鸥在暴风雨来临之前呻吟着，——呻吟着，它们在大海上飞蹿，想把自己对暴风雨的恐惧，掩藏到大海深处。

海鸭也在呻吟着，——它们这些海鸭啊，享受不了生活的战斗的欢乐：轰隆隆的雷声就把它们吓坏了。

蠢笨的企鹅，胆怯地把肥胖的身体躲藏到悬崖底下……只有那高傲的海燕，勇敢地，自由自在地，在泛起白沫的大海上飞翔！

乌云越来越暗，越来越低，向海面直压下来，而波浪一边唱歌，一边冲向高空，去迎接那雷声。

雷声轰响。波浪在愤怒的飞沫中呼叫，跟狂风争鸣。看吧，狂风紧紧抱起一层层巨浪，恶狠狠地把它们甩到悬崖上，把这些大块的翡翠摔成尘雾和碎末。

海燕叫喊着，飞翔着，像黑色的闪电，箭一般地穿过乌云，翅膀掠起波浪的飞沫。

看吧，它飞舞着，像个精灵，——高傲的、黑色的暴风雨的精灵，——它在大笑，它又在号叫……它笑那些乌云，它因为欢乐而号叫！

这个敏感的精灵，——它从雷声的震怒里，早就听出了困乏，它深信，乌云遮不住太阳——是的，遮不住的！

狂风吼叫……雷声轰响……

一堆堆乌云，像青色的火焰，在无底的大海上燃烧。大海抓住闪电的箭光，把它们熄灭在自己的深渊里。这些闪电的影子，活像一条条火蛇，在大海里蜿蜒游动，一晃就消失了。

——暴风雨！暴风雨就要来啦！

这是勇敢的海燕，在怒吼的大海上，在闪电中间，高傲地飞翔；这是胜利的预言家在叫喊：

——让暴风雨来得更猛烈些吧！

雪

余秋雨

美丽的雪花飞舞起来了。我已经有三年不曾见着它。

去年在福建，仿佛比现在更迟一点，也曾见过雪。但那是远处山顶的积雪，可不是飞舞的雪花。在平原上，它只是偶然地随着雨点洒下来几颗，没有落到地面的时候。它的颜色是灰的，不是白色；它的重量像是雨点，并不会飞舞。一到地面，它立刻融成了水，没有痕迹，也未尝跳跃，也未尝发出唏嘘的声音，像江浙一带下雪时的模样。这样的雪，在四十年来第一次看见它的老年的福建人，诚然能感到特别的意味，谈得津津有味，但在我，却总觉得索然。“福建下过雪”，我可没有这样想过。

我喜欢眼前飞舞着的上海的雪花。它才是“雪白”的白色，也才是花一样的美丽。它好像比空气还轻，并不从半空里落下来，而是被空气从地面卷起来的。然而它又像是活的生物，像夏天黄昏时候的成群的蚊蚋，像春天酿蜜时期的蜜蜂，它的忙碌的飞翔，或上或下，或快或慢，或粘着人身，或拥入窗隙，仿佛自有它自己的意志和目的。它静默无声。但在它飞舞的时候，我们似乎听见了千百万人马的呼号和脚步声，大海汹涌的波涛声，森林的狂吼声，有时又似乎听见了儿女的窃窃私语声，礼拜堂的平静的晚祷声，花园里的欢乐的鸟歌声……它所带来的是阴沉与严寒。但在它的飞舞的姿态中，我们看见了慈善的母亲，活泼的孩子，微笑的花儿，和暖的太阳，静默的晚霞……它没有气息。但当它扑到我们面上的时候，我们似乎闻到了旷野间鲜洁的空气的气息，山谷中幽雅的兰花的气息，花园里浓郁的玫瑰的气息，清淡的茉莉花的气息……在白天，它做出千百种婀娜的姿态；夜间，它发出银色的光辉，照耀着我们行路的人，又在我们的玻璃窗上扎扎地绘就了各式各样的花卉和树木，斜的，直的，弯的，倒的。还有那河流，那天上的云…

夏　感

梁　衡

充满整个夏天的是一种紧张、热烈、急促的旋律。

好像炉子上的一锅水在逐渐泛泡、冒气而终于沸腾一样，山坡上的芊芊细草长成了一片密密的厚发，林带上的淡淡绿烟也凝成了一堵黛色长墙。轻飞曼舞的蜂蝶不见了，却换来烦人的蝉儿，潜在树叶间一声声地长鸣。火红的太阳烘烤着一片金黄的大地，麦浪翻滚着，扑打着远处的山、天上的云，扑打着公路上的汽车，像海浪涌着一艘艘舰船。金色主宰了世界上的一切，热风浮动着，飘过田野，吹送着已熟透了的麦子的香味。那春天的灵秀之气经过半年的积蓄，这时已酿成一种磅礴之势，在田野上滚动，在天地间升腾。夏天到了。

夏天的色彩是金黄的。按绘画的观点，这大约有其中的道理。春之色为冷的绿，如碧波，如嫩竹，贮满希望之情；秋之色为热的赤，如夕阳，如红叶，标志着事物的终极。夏正当春华秋实之间，自然应了这中性的黄色——收获之已有而希望还未尽，正是一个承前启后、生命交替的旺季。你看，麦子刚刚割过，田间那挑着七八片绿叶的棉苗，那朝天举着喇叭筒的高粱、玉米，那在地上匍匐前进的瓜秧，无不迸发出旺盛的活力。这时它们已不是在春风微雨中细滋慢长，而是在暑气的蒸腾下，蓬蓬勃发，向秋的终点作着最后的冲刺。

夏天的旋律是紧张的，人们的每一根神经都被绷紧。你看田间那些挥镰的农民，弯着腰，流着汗，只是想着快割，快割；麦子上场了，又想着快打，快打。他们早起晚睡亦够苦了，半夜醒来还要听听窗纸，可是起了风；看看窗外，天空可是遮上了云。麦子打完了，该松一口气了，又得赶快去给秋苗追肥、浇水。“田家少闲月，五月人倍忙”，他们的肩上挑着夏秋两季。

遗憾的是，历代文人不知写了多少春花秋月，却极少有夏的影子。大概，春日融融，秋波澹澹，而夏呢，总是浸在苦涩的汗水里。有闲情逸致的人，自然不喜欢这种紧张的旋律。我却要大声地赞美这个春与秋之间的黄金的夏季。

语言的魅力

王大赫　郭全斌

在繁华的巴黎大街的路旁，站着一个衣衫褴褛、头发斑白、双目失明的老人。他不像其他乞丐那样伸手向过路行人乞讨，而是在身旁立一块木牌，上面写着："我什么也看不见！"街上过往的行人很多，看了木牌上的字都无动于衷，有的还淡淡一笑，便姗姗而去了。

这天中午，法国著名诗人让·彼浩勒也经过这里。他看看木牌上的字，问盲老人："老人家，今天上午有人给你钱吗？"

盲老人叹息着回答："我，我什么也没有得到。"说着，脸上的神情非常悲伤。

让·彼浩勒听了，拿起笔悄悄地在那行字的前面添上了"春天到了，可是"几个字，就匆匆地离开了。

晚上，让·彼浩勒又经过这里，问那个盲老人下午的情况。盲老人笑着回答说："先生，不知为什么，下午给我钱的人多极了！"让·彼浩勒听了，摸着胡子满意地笑了。

"春天到了，可是我什么也看不见！"这富有诗意的语言，产生这么大的作用，就在于它有非常浑厚的感情色彩。是的，春天是美好的，那蓝天白云、那绿树红花、那莺歌燕舞、那流水人家，怎么不叫人陶醉呢？但这良辰美景，对于一个双目失明的人来说，只是一片漆黑。当人们想到这个盲老人，一生中竟连万紫千红的春天都不曾看到，怎能不对他产生同情之心呢？

故　事

讲故事可以很好地锻炼语言表现力,尤其是独白、人物对话、描述性语言等,能充分训练人们的口语表达能力。想要把故事演绎得绘声绘色、声情并茂,要做到三点:首先,要了解故事,对故事内容充分熟悉,与故事中的人物相融合。其次,理解故事中的角色特点,根据人物之间的关系、性格特征、地位、外形等,用虚实、强弱、快慢等方式来体现,以期通过声音的变化分出角色和剧情。最后,还可以辅以表情和动作,增加故事的生动性和活跃度。

一、寓言故事

一头学问渊博的猪

一头学问渊博的猪

一头绝顶聪明的猪,住在一个非常出名的图书馆的院子里。它深信自己由于多年图书馆的生活,已经成了渊博的学者。

有一天,一只八哥来访问,这头猪立即按照惯例对客人进行自我介绍。

“朋友,相信我吧!”它说,“我在这个图书馆里待的时间很长了,我对这儿的沟渠、粪坑、垃圾堆,都有着深刻的了解。甚至,屋后山坡上的墓穴都扒翻了好几个,谁要是想在这个图书馆里得到知识而不找我,那算它白跑一趟。”

八哥说:“你所说的都是图书馆外面的事,那里面的东西你也了解吗?”

“里面?”这头学问渊博的猪说,“那我最清楚不过了。里面无非是一些木架子,上面堆满了各色各样的书。”

“你对那些书也了解吗?”八哥问。

“怎么不了解呢?”这位学问渊博的学者说,“那是最没意思的了。它们既没有什么香气,也没有什么臭气,我咀嚼过好几本,也说不上有什么味道,干巴巴的连点水分也没有。”

“可是,那些人老在里面待着,据说他们在里面探求知识的宝藏呢!”八哥又说。

“人们?你说他们干什么!”这位猪学者说,“他们确实是那样想的,想在书里找点什么东西。我常常看到许多人把那些书翻来翻去,结果什么也没有得到,还是把书扔到架子上,又走了。我保证他们在里面连糠渣、菜叶都没有得到一点儿,还谈什么宝藏!我从不做那样的蠢事,与其花时间啃书本,还不如到垃圾堆里翻几个烂萝卜啃啃。”

“算了吧,我的学者!”八哥说,“一个从垃圾堆里啃烂萝卜的嘴巴,来谈论书本上的事是不大相宜的,还是去啃你的烂萝卜吧!”

小猫的倾听

小猫的倾听

有一天,猫妈妈把小猫叫来,说:“你已经长大了,三天之后就不能再喝妈妈的奶,要自己去找东西吃了。”

小猫惊恐地问妈妈:“妈妈,那我该吃什么东西呢?”

猫妈妈说:“你要吃什么食物,妈妈一时也说不出来,就用我们祖先留下的方法吧。这几天你躲在屋顶上、梁柱间、箱笼里、陶罐边,仔细倾听人们的谈论,他们会教你的。”

第一天晚上,小猫躲在梁柱间偷听,一个大人对孩子说:“小宝,把鱼和牛奶放在冰箱里,小猫最爱吃鱼和牛奶了。”

第二天晚上,小猫躲在陶罐边,听见一个女人对男人说:“老公,帮我的忙,把香肠、腊肉挂在梁上,小鸡关好,别让小猫偷吃了。”

第三天晚上,小猫躲在屋顶上,从窗户里看到一个妇人唠叨自己的孩子:“奶酪、肉松、鱼吃剩了,也不收好,小猫的鼻子特别灵,明天你就没得吃了。”

就这样,小猫每天都非常开心,它回家告诉猫妈妈:“妈妈,果然像你说的一样,只要我保持倾听,人们每天都会教我该吃些什么。”

靠听别人的谈话,学习生活的技能,小猫终于成为身体敏捷、肌肉强健的大猫。他后来有了孩子,也是这样教导孩子的。

猴吃西瓜

猴吃西瓜

猴王找到了一个大西瓜,可是,怎么吃呢?这个猴啊,是从来也没有吃过西瓜的。忽然,他想出了一条妙计,于是,把所有的猴都召集来了。

他清了清嗓子说:“今天,我找到了一个大西瓜。至于这西瓜的吃法嘛,我当然……当然是知道的。不过,我要考验一下大伙的智慧,看看谁能说出这西瓜的吃法。如果说对了,我可以多赏他一块。如果说错了,我可要惩罚他!”

大伙你看看我,我看看你,他们谁也没有吃过西瓜。

小毛猴眨巴眨巴眼睛,挠了挠腮说:“我知道,吃西瓜是吃瓤！”

“不对！小毛猴说得不对！”秃尾巴猴跳了起来：“我小的时候跟我妈去姥姥家，吃过甜瓜，吃甜瓜就是吃皮。我想，这甜瓜是瓜，西瓜也是瓜，吃西瓜嘛，当然是吃皮喽。”

这时候，大伙争执起来，有的说：“吃西瓜吃皮！”有的说：“吃西瓜吃瓤！”可争了半天，也没争出个结果，于是都不由地把目光集中到一个老猴的身上……

这老猴认为出头露面的机会来了，他捋了捋胡子，清了一下嗓子说：“这吃西瓜嘛，当然……当然是吃皮了。我从小就爱吃西瓜，而且……而且一直都是吃皮的。我想，我之所以老而不死，就是因为吃了这西瓜皮的缘故……”

大伙都欢呼起来：“对！吃西瓜吃皮！”“吃西瓜吃皮！”……

猴王认为找到了正确答案，他站起身来，上前一步，开言道：“对！大伙说得对！吃西瓜是吃皮。哼！就小毛猴崽子一个人说吃西瓜吃瓤，那就让他一个人吃吧！咱们大伙，都吃西瓜皮！”

西瓜一切两半，小毛猴吃瓤。大伙，共分西瓜皮……

有个猴吃了两口，就捅了捅旁边的说：“我说这可不是滋味啊！”

“咳，老弟，我常吃西瓜，西瓜嘛，就是这味儿……”

谦虚过度

谦虚过度

水牛爷爷是森林世界公认的谦虚人，很受大家的尊重。

小白兔夸他：“水牛爷爷的力气最大了！”

“唉,过奖了,犀牛、野牛的力气都比我大。”小山羊夸他:“水牛爷爷贡献最多了!”他就说:“唉,不能这样讲了,奶牛吃下的是草,挤出来的是奶,她的贡献比我多。”

狐狸艾克很羡慕水牛爷爷谦虚的美名。他想:“我也来学习一下谦虚吧,这谦虚太好学了。”他又想:“水牛爷爷的谦虚不就是这两点吗?一是把自己的什么都说小点儿;二是把自己的什么都说少点。嗯,对!就是这样。”

一天,艾克和一只小老鼠相遇了。小老鼠见艾克有一条火红蓬松的大尾巴,不禁发出了由衷的赞美:“哎呀,艾克大叔,您的尾巴真大呀!”艾克学着水牛爷爷的口气,歪歪嘴说:“唉,过奖了,你们老鼠的尾巴比我大多了。”“啊,什么?”小老鼠大吃一惊:“你长那么长的四条腿,却拖根比我还小的尾巴?”艾克谦虚地说:“哎,不能这么讲了,我哪有四条腿,三条了,三条了。”小老鼠以为艾克得了精神病,吓得赶紧跑走了。

艾克的谦虚没有换来美名,倒换来一大堆谣言。大家说:“唉,森林世界出了一条妖怪狐狸,只有三条腿,还拖着一根比老鼠还小的尾巴……”

驴子的坏主意

从前,有个商人在镇上买了很多盐。他把盐装进袋子里,然后装载于驴背上。“走吧!回家吧!”商人拉动缰绳,可是驴子却觉得盐袋太重了,便很心不甘情不愿地走着。城镇与村子间隔着一条河。在渡河时,驴子东倒西歪地跌到河里。盐袋里的盐被水溶掉,全流走了。

“啊!盐全部流失了。唉!可恶!多么笨的驴子啊!”商人发着牢骚。可是驴子却高兴得不得了，因为负重减轻了。

“这是个好办法，嗯！把它记牢，下次就可以照这样来减轻重量了。”驴子认为自己尝到了甜头，商人却一点也没有发觉。

第二天，商人又带着驴子到镇上去。这一次不是盐，而是棉花。棉花在驴背上堆得像座小山。“走吧！回家！今天的行李体积虽大，可是并不重。”商人对驴子说，并拉动了缰绳。

驴子一副很重的样子，慢吞吞地走着。不久又来到河边，驴子想到昨天的好主意。“昨天确实是在这附近，今天得做得顺顺利利才行！”

于是，驴子又故意滚到河里。

“顺利极啦！”

这时驴子虽然想站起来，但突然觉得没办法站起来。因为棉花进水之后，变得更重了。

“失算了，真糟糕！”

驴子边嘶叫着，边载着因浸满水而沉重的棉花，走回村子去。

曾子杀猪

一个晴朗的早晨，曾子的妻子梳洗完毕，换上一身干净整洁的蓝布新衣，准备去集市买一些东西。她出了家门没走多远，儿子就哭喊着从身后撵了上来，吵着闹着要跟着去。孩子不大，集市离家又远，带着他很不方便。因此曾子的妻子对儿子说：“你回去在家等着，我买了东西一会儿就回来。你不是爱吃酱汁烧的蹄子、猪肠炖的汤吗？我回来以后杀了猪就给你做。”这话倒也灵验。她儿子一听，立即安静下来，乖乖地望着妈妈一个人远去。

曾子的妻子从集市回来时，还没跨进家门就听见院子里捉猪的声音。她进门一看，原来是曾子正准备杀猪给儿子做好吃的东西。她急忙上前拦住丈夫，说道："家里只养了这几头猪，都是逢年过节时才杀的。你怎么拿我哄孩子的话当真呢？"曾子说："在小孩面前是不能撒谎的。他们年幼无知，经常从父母那里学习知识，听取教诲。如果我们现在说一些欺骗他的话，等于是教他今后去欺骗别人。虽然做母亲的一时能哄得过孩子，但是过后他知道受了骗，就不会再相信妈妈的话。这样一来，你就很难再教育好自己的孩子了。"曾子的妻子觉得丈夫的话很有道理，于是心悦诚服地帮助曾子杀猪去毛、剔骨切肉。没过多久，曾子的妻子就为儿子做好了一顿丰盛的晚餐。

二、童话故事

狐狸和猫

狐狸和猫

一只猫在森林里遇到一只狐狸，心想："他又聪明，经验又丰富，挺受人尊重的。"于是他很友好地和狐狸打招呼："日安，尊敬的狐狸先生，您好吗？这些日子挺艰难的，您过得怎么样？"

狐狸傲慢地将猫从头到脚打量了一番，半天拿不定主意是不是该和猫说话。最后狐狸说："哦，你这个倒霉的长着胡子、满身花纹的傻瓜、饥肠辘辘地追赶老鼠的家伙，你会啥？有什么资格问我过得怎么样？你都学了点什么本事？"

"我只有一种本领。"猫谦虚地说。

“什么本领?”狐狸问。

“有人追我的时候,我会爬到树上去藏起来保护自己。”

“就这本事?”狐狸不屑地说:“我掌握了上百种本领,而且还有满口袋计谋。我真觉得你可怜,跟着我吧,我教你怎么从追捕中逃生。”

就在这时,猎人带着四条狗走近了。猫敏捷地窜到一棵树上,在树顶上蹲伏下来,茂密的树叶把他遮挡得严严实实。

“快打开你的计谋口袋,狐狸先生,快打开呀!”猫冲着狐狸喊道。可是猎狗已经将狐狸扑倒咬住了。“哎呀,狐狸先生,”猫喊道,“你的千百种本领就这么给扔掉了!假如你能像我一样爬树就不至于丢了性命了!”

(选自《格林童话》)

钉　子

钉子

一个商人在集市上生意红火,他卖完了所有的货,钱袋装得满满的。他想天黑前赶到家,便把钱箱捆在了马背上,骑着马儿出发了。

中午时分,他到了一个镇上休息了一会。当他想继续赶路时,马童牵出马来对他说:“老爷,马后腿的蹄铁上需要加颗钉子。”

“由它去吧,”商人回答说,“这块蹄铁肯定能撑到走完这六里路,我要急着赶路呢!”

下午时候,他又一次叫人喂马,马童走进房间对他说:“老爷,马后腿上的一块蹄铁掉了,要不要我把它带到铁匠那去呢?”

“由它去吧!”商人回答说,“这马一定能坚持走完这剩下的几里路,我时间紧着呢!”

他骑着马儿继续往前走,但不久马就开始一步一瘸的了,再过会儿就开始踉踉跄跄,最后它终于跌倒在地,折断了腿。那生意人只好扔下他的马,解下钱箱扛在背上,步行回家。等赶回家时已是午夜时分,只听他嘀咕着:“都是那颗该死的钉子把我给害惨了。”

欲速则不达。

(选自《格林童话》)

豌豆上的公主

从前有一位王子,他想找一位公主结婚,但是她必须是一位真正的公主。他走遍了全世界,想要寻找到一位真正的公主,但不论走到什么地方,总碰到一些障碍。公主倒有的是,但王子无法判断究竟是不是真正的公主,因为她们总有一些地方不大对劲儿。结果,他只好回家来,心中很不快活,因为他是多么渴望得到一位真正的公主。

有一天晚上,忽然起了一阵可怕的暴风雨,天空在闪电,在打雷,还下着大雨,这真使人有些害怕!这时,有人在敲门,老国王就走过去开门。

站在城外的是一位美丽的公主。可是,天哪!经过了风吹雨打之后,她的样子是多么难看啊!水沿着她的头发和衣服向下流,流进鞋里,又从鞋里流出来。她说她是一个真正的公主。

老皇后心想:“是的,这点我们马上就可以考查出来。”可是,她什么也没说。她走进卧房,把所有的被褥全部搬开,在床榻上放了一粒豌豆。于是她取出二十张床垫子，把它们压在豌豆上。随后，她又在这些垫子上放了二十床鸭绒被。

这位公主夜里就睡在这些东西上面。

早晨大家问她昨晚睡得怎样。

“啊，不舒服极了！”公主说，“我差不多整夜都没有合上眼！天晓得床下有什么东西！有一粒很硬的东西硌着我，弄得我全身发紫，真是太可怕了！”

现在大家看出来了，她的确是一位真正的公主。因为压在这二十层床垫子和二十床鸭绒被下面的一粒豌豆，她居然还能感觉得出来。除了真正的公主以外，任何人都不会有这么细嫩的皮肤的。

那位王子就选她做了妻子，因为他知道他得到了一位真正的公主。这粒豌豆因此也被送进了博物馆。如果没有人把它拿走的话，人们现在还可以在那儿看到它呢。

（选自《格林童话》）

新　闻

新闻是指对新近发生的或正在发生的事实的报道。因此，新闻稿件具有真实性、新鲜性、简短性、典型性和及时性等特点。在播读新闻稿时要做到字正腔圆、层次清楚、新鲜感强、节奏明快、语势稳健。

在语音上，要吐字圆润、字音颗粒感强；发声上，采用胸腹式联合呼吸法，气息稳健持久、用气灵活自如；在文稿播读时，备稿充分，“六步合一”，能很好地处理导语、背景、态度、数据、引语等，做到准确传递信息、平稳顺畅。切忌在稿件播读中自我表现、有形无魂和固定腔调。在播读不同类型的新闻稿件时，要适当地调整语态和节奏。

一、社会新闻

“黄河第一跨”正式通车

10月16日上午，随着第一台车辆的缴费发票开出，被誉为“黄河第一跨”的国道107改线官渡黄河大桥（简称“官渡黄河大桥”）正式通车，郑州与新乡两地间的黄河公路大桥增至4座。官渡黄河大桥是国道107东移的咽喉工程，该项目路线全长31.775公里，按一级公路建设标准设计，总投资39.1亿元。其中，跨越黄河特大桥一座，全长7 377米，双向8车道，是目前河南省干线公路最宽的大桥桥面。因该大桥位于官渡之战古战场，故该桥被命名为官渡黄河大桥。

（来源：北京日报）

二、财经新闻

我国方便食品建成安全产业链

第十九届中国方便食品大会新闻发布会近日在北京举行。据中国食品科学技术学会对22家主要方便面企业的统计，在历经多年努力后，中国方便面的产业链安全已具有较高水平，2019年上半年国家抽检合格率为99.08%。全行业的健康转型提速，创新进入活跃期。

近年来，方便食品质量安全情况稳中向好，国家市场监督管理总局专门印发一系列文件，规范调味面制品等食品生产，推动企业质量安全主体责任的落实。

国家卫生健康委员会有关负责人向中国方便食品行业提出倡议，希望大家共同为中国居民营养健康状况的改善做出努力，生产出更多符合营养健康需求的方便食品。

（来源：人民网–人民日报·海外版）

三、军事新闻

企业为退役军人推出“订单式”培训就业服务

81 联聘与易居企业集团 13 日在上海签约，双方将携手为广大退役军人提供“订单式”“定向式”“定岗式”培训就业服务。

易居企业集团是中国房地产行业航母级交易综合服务平台，81 联聘是垂直面向退役军人的求职就业平台。这次，两家强强联手，依托易居企业自身教育培训资源，共同为有志于从事房地产服务行业的退役军人提供专业培训，既可为企业输送专业人才，为退役军人提供稳定的就业安置渠道，又可帮助退役军人获取行业从业资质，增强就业竞争力。

仪式上，易居企业集团 CEO 丁祖昱介绍，易居企业集团将与培训考核通过者签订正式劳动合同，确保上岗就业，另提供合理的转岗机会，充分满足退役军人就业与实现个人价值的需求。作为一名退役军人的 81 联聘董事长陈蕾表示：“希望战友们退役后勇于归零，在摸爬滚打中积累经验，在新的工作岗位实现人生价值。”

（来源：新华社解放军分社）

四、法制新闻

公安部交管局查处酒驾醉驾127.4万起

新华社北京10月16日电(记者王茜)　今年以来,全国公安交管部门共查处酒驾醉驾127.4万起。其中,查处酒驾102.7万起,查处醉驾24.7万起。这是记者16日从公安部交通管理局获悉的。

近年来,全国公安交管部门始终坚持严格执法,持续严管高压,严厉整治酒驾醉驾违法犯罪行为。但是,酒后驾驶有其顽固性和反复性,部分驾驶人心存侥幸,肆意酒驾醉驾,有的甚至引发事故,给人民群众生命财产带来损失。

为推动巩固“酒后拒驾”意识,预防由此导致的交通事故,保障人民群众生命财产安全,公安部交通管理局希望所有交通参与人,深刻认识醉驾犯罪的严重后果和危害,敬畏法律,杜绝侥幸心理,不断提高交通安全意识和法治意识,珍爱生命,坚决拒绝酒驾醉驾。

(来源:新华网)

五、体育新闻

女足奥预赛亚洲区最终阶段分组揭晓 中国队进B组

中新网客户端10月18日电　18日下午,2020年东京奥运会女足亚洲区预选赛最终轮抽签仪式在亚足联总部进行。进入最终阶段的8支队伍分为两组,中国队与澳大利亚、泰国和中国台北同处 B 组,该组比赛将于明年 2 月在武汉进行。

根据赛制,2020 年东京奥运会女足亚洲区预选赛最终轮将于 2020 年 2 月 3 日至 9 日举行。参赛队包括:澳大利亚、朝鲜、韩国、中国、泰国、缅甸、越南和中国台北。8 支队分成两组,每组 4 支队进行单循环赛会制比赛,每组前两名晋级附加赛。

附加赛采取主客场两回合交叉淘汰赛制,A 组第一名对阵 B 组的第二名,B 组第一名对阵 A 组的第二名,两回合较量将分别于 2020 年 3 月 6 日和 11 日进行。附加赛取胜的队伍(共 2 支)以及东道主日本队获得代表亚洲参加 2020 年东京奥运会女足比赛的资格。

(来源:中国新闻网)

六、国际新闻

2024 年巴黎奥运会和残奥会会徽发布 史上首次使用相同的会徽

当地时间 10 月 21 日晚,2024 年巴黎奥运会和残奥会会徽在主办城市法国巴黎揭幕。会徽包括奥运金牌、奥运之火和法兰西共和国象征玛丽亚娜女神三重含义。据了解,这是奥运会和残奥会首次使用相同的会徽,唯一不同的是两大赛会会徽下方分别是奥运五环与国际残奥委会会徽。会徽采用的这一设计表明,巴黎奥组委有志于用相同的高标准办好奥运会和残奥会。此外,玛丽亚娜女神的形象出现在会徽上也表达了对女运动员的敬意,1900 年巴黎奥运会首次允许女运动员参加比赛。(央视记者 马瑾瑾)

(来源:中央广电总台央视新闻客户端)

七、简讯

农业农村部:产业扶贫覆盖92%贫困户

农业农村部今天(14日)发布,精准扶贫实施以来,已有92%的建档立卡贫困户参与到产业发展中;全国已累计实施了98万多个扶贫产业项目,2018年已脱贫人口中主要通过产业项目帮扶实现脱贫的占74%。

(来源:中央广播电视总台—《新闻联播》栏目)

"春蕾计划"30年成果在京发布

全国妇联、中国儿童少年基金会今天(10日)在京发布《"春蕾计划"实施30年成果报告》。30年来"春蕾计划",从义务教育阶段拓展到高中、大学阶段,范围延伸至女童职业教育、女童保护等领域,累计筹集爱心捐赠21.18亿元,资助超过369万名贫困女童、援建1 811所春蕾学校、发放217万套护蕾手册。

(来源:中央广播电视总台-新闻联播栏目)

我国民航启动最大范围空域调整

今天我国民航启动最大范围空域调整,东西横跨1350公里,南北纵贯2200公里,新增里程约4700公里;调整航路航线200余条,预计涉及5300余架次航班。

(来源:中央广播电视总台—《新闻联播》栏目)

国际度假大会永久会址落户浙江湖州

今天,2019长三角一体化文旅峰会暨国际滨湖度假大会在浙江湖州开幕。亚太旅游协会宣布国际度假大会永久会址落户浙江湖州,江浙沪皖四地联合发布《长三角一体化文旅联合行动湖州倡议》,会议还成立了“长三角国家级旅游度假区推广联盟”。

(来源:中央广播电视总台—《新闻联播》栏目)

塔里木盆地发现千亿方级大气田

新疆中国石油塔里木油田博孜9井10月3日试油成功,获高产工业气流,日产天然气41.82万立方米,勘探含油气面积40.9平方千米,气层段厚度共178米,预测天然气地质储量超千亿立方米。

(来源:中央广播电视总台—《新闻联播》栏目)

“海贝思”持续 日本多地暴发洪灾

强台风“海贝思”已于13日晚些时候转为温带气旋。受“海贝思”影响,日本多地发生洪灾和山体滑坡。截至当地时间14日19点,已造成49人死亡、16人失踪、204人受伤。此外,多地公共交通系统和电力供应也受到严重影响。目前,日本全国避难人数约为38 000人。

(来源:中央广播电视总台—《新闻联播》栏目)

多架波音737NG客机现结构性裂缝

美国波音公司10日称,在对全球范围内810架737NG系列客机进行检查后,发现多架客机共38处出现结构性裂缝。美国联邦航空局方面表示,部分裂缝出现在机身和机翼连接处,这一部位非常关键,裂缝可能影响飞机结构的完整性,导致飞机失控。目前,已有至少13架737NG型号客机因结构性裂缝停飞。

(来源:中央广播电视总台—《新闻联播》栏目)

灾后一年 巴西国家博物馆展出11件被修复馆藏

人民网讯 当地时间9月2日,巴西国家博物馆举办展览,展出了火灾后在国家博物馆废墟中找到的11件馆藏,包括雕塑和陶瓷制品等。馆长介绍,除修复藏品,博物馆大楼的外墙和屋顶也将开始重建,力争在2022年,让巴西国家博物馆重新全部对外开放。

(来源:人民网—国际频道)

韩国确认出现非洲猪瘟疫情

新华社首尔9月17日电(记者耿学鹏 田明) 韩国农林畜产食品部17日发布消息说,京畿道坡州市一家养猪场16日下午报告5头猪死亡,检疫部门17日早晨6时30分确认死亡病猪感染非洲猪瘟。

(来源:新华网)

意大利斯卡拉歌剧院举行"开门排练"

10月15日,意大利斯卡拉歌剧院在位于上海的上音歌剧院举行歌剧《假扮园丁的姑娘》的"开门排练",向媒体及公开招募的观众开放。该剧将在10月18日至11月17日举行的第二十一届中国上海国际艺术节上亮相。

(来源:新华网)

主持词

此部分选取不同类型的节目主持词,希望大家把握它们的同与不同,进而用最为恰当的形式进行表现。这部分主要练习主持人话筒前的心理状态、语言表达状态,主持中的逻辑思维、与受众的互动,稿件的准备、语感及肢体语言等。

新闻联播

开场白:

男:各位观众晚上好!

女:晚上好!

男:今天是8月23号星期四,农历七月十三。

女:今天是二十四节气中的处暑。

男:欢迎收看《新闻联播》节目。

女:首先为您介绍今天节目的主要内容。

男:习近平向首届中国国际智能产业博览会致贺信。

女:全军和武警部队官兵坚定表示,要认真学习贯彻习近平在中央军委党的建设会议上的重要讲话精神,为实现党在新时代的强军目标,完成好新时代军队使命任务提供坚强政治保证。

男:李克强主持召开国务院西部地区开发领导小组会议,韩正出席。

女:李克强签署国务院令,公布《国务院关于修改〈全国经济普查条例〉的决定》。

男:汪洋出席部分省区市政协主要负责同志座谈会。

女:韩正出席首届中国国际智能产业博览会开幕式。

男:中央纪委公开曝光七起扶贫领域形式主义、官僚主义典型案例。

女:普京表示面对北约的一步步东扩,俄罗斯必须壮大自身军事实力。接下来请您收看详细内容。

结束语:

男:今天的《新闻联播》节目播送完了,感谢您收看。

女:更多新闻资讯您还可以关注央视新闻移动网,下载地址可搜索央视新闻+。观众朋友再见!

男:再见!

天气预报

晚上好,来关注天气情况。

下周,全国降水大都和明天是一样的,降水少,而且强度也不大,晴天将会成为绝对的主导。不过大家在享受冬日暖阳的同时呢,也要注意用火安全,尤其是在北京北部、河北北部、云南西北部等地,天干物燥,森林火险气象等级依然居高不下。伴随阳光,全国大部分地区天气会逐渐回暖。我们看到,白天气温会回归正常,或者会稍微偏高一些。尤其在湿冷的南方就更加明显了,像上海,今天最高气温 5 度,明天 8 度,到周五的时候将会高达 12 度。

白天会稍微暖和一些,但早晚还是很冷的。明天早晨 0 度线将会向南推进到江南南部,像杭州、长沙,都是今年下半年首次降到 0 度以下。即便是华南也就只有五六度,可以说是冷如三九，而且这样的寒冷感觉还会持续到下周五。所以早晚外出要注意保暖，而且，夜间取暖也要注意用火和用电安全。

最后我们来关注一下海上，今天晚上到明天，台湾海峡到南海大部分海域将会出现 8 级以上大风，其中在南海中东部和南部风力将会达到 9 级，阵风还会高达 10 到 11 级。

扫描二维码，来关注更多的天气情况。下面请看城市天气预报。

中国诗词大会

开场白：

“天生我材必有用，千金散尽还复来”，一千两百多年前的诗句，今天读来，依然让人血脉偾张。诗人如椽巨笔下喷涌而出的跌宕起伏的情感，让我们感受到震动古今的气势和力量。这就是中国古诗词的魅力。从今天开始，我们将和大家一起展开一场诗词之旅，去重温那些历久弥新的经典诗句。我想这样的温故知新，可以拂去我们记忆上的灰尘，而古代文人的情怀和智慧，也同样能点亮我们今天的生活。人生自有诗意，来吧，一起加入我们的诗词狂欢！

结束语：

从金戈铁马到琴棋书画，从大漠孤烟到水墨江南，从忠肝义胆到千里婵娟，可以说一首首的诗词歌赋让我们感受到了炎黄子孙的家国情怀。“海内存知己，天涯若比邻”，就让我们从此地出发，传诵经典，展露风华，伴随《中国诗词大会》，梦想就此起航！

走近科学

开场白：

朋友们，大家好，欢迎您收看今天的《走近科学》。现在啊我想问您一个问题，您听说过飞檐走壁吗？哎，我要这么一问，您肯定会说我不仅听说过，我还看过呢。没错，像什么电影《卧虎藏龙》啊、《十面埋伏》啊，里面那些武林高手，他们在刀光剑影之中身轻如燕，飞檐走壁，那真叫一个绝啊！但是现在我们都知道，影视作品中的飞檐走壁大多都是神化的、夸张的，采用了一些电影特技处理和艺术包装。今天呢，在节目当中我们将为您介绍一个原汁原味的、活生生的高空飞人。

（出镜一）

不瞒您说啊，小时候我也喜欢翻个墙头啊、爬个树、摘个槐花什么的，但那个时候比较笨，再加上协调性也不大好，经常是爬不上去，或是爬上去了下不来，但是后来学了牛顿的万有引力定律之后才知道，咱们人在地球上他就挣脱不了地心的引力。就算是咱们拼命地减肥，但是这一个人他总不能没有一点质量吧，你要是有了质量的话就肯定受到地球的吸引，就会产生重力，所以在通常情况下我们是很难真正做到飞檐走壁的。那么您想了解葛强到底是怎么飞檐走壁的吗？别着急，咱们接着往下看。

（出镜二）

这个电影当中有夸张的成分，我们可以看到蜘蛛侠的手指上有很多锋利的齿尖，所以它能够钩住墙壁的缝隙，这样呢，它就可以助蜘蛛侠一臂之力了。虽然蜘蛛侠的重力也是向下的，但是他用手钩住墙壁之后呢,加上双脚踩在缝隙间,有一个向上的支撑,能够保证他在攀爬的时候不至于从高空坠落。不过确切地说,蜘蛛侠他是在爬壁,而不是在走壁。爬壁呢,有点类似于攀岩,攀岩只要给手脚一个固定的支撑点就行。不知道您刚才注意到没有,不管是蜘蛛侠他在爬墙的时候,还是葛强在走壁的时候,他们都有一个共同之处,那就是他们都是尽量地紧贴着墙壁,这又是为什么呢?

结束语:

以上就是今天的《走近科学》节目,感谢您的收看,下周同一时间再见!

生活袋袋裤

快乐早晨!快乐好心情!快乐有妙招!

大家早上好!很开心又能和你们相约在《生活袋袋裤》栏目中来,我是你们的老朋友叮当。

今天我给大家带来一些生活中的小诀窍,有看到我手中拿着的东西了吗?没错,就是牙膏。牙膏有什么用呢?对,没错是刷牙的啦,除了刷牙以外,牙膏还有很多其他的作用呢,今天我们就来看看还有哪些。你看夏天来了,我们又得喂蚊子啦,就是被蚊虫叮咬,是不是很烦人呢?往往这个时候我们就会用蚊不叮、清凉油这些涂啊抹的。如果身边有牙膏的话这也是一个不错的替代品哦。来,我们把牙膏抹在被蚊虫叮咬的地方,能让你止痒止疼。夏天呢还有很多讨厌的痱子,当然先用温水清洗干净,再涂上牙膏,你会感到无比的清凉。

还有有时我们小朋友经常蹦蹦跳跳的,难免会有擦伤磕碰什么的,当然也可以用牙膏均匀擦在伤口上,你就会觉得不那么疼了,还能消肿呢。最后再告诉你,这牙膏还能用来清洗不锈钢表面的污迹呢,让用具铮铮发亮,恢复原来的面目。感受到牙膏的神奇了吧?观众朋友们,如果你们有有关生活的一些小诀窍,欢迎写信给《生活袋袋裤》栏目组收。

好啦,我们今天的《生活袋袋裤》就要和大家说再见了,我们下周六不见不散。

演讲稿

演讲是借助有声语言和肢体语言对大众说明事理、表达观点、抒发情感、激发情绪等的一种语言表达方式。在演讲时,演讲者需要充分调动情感,向大众传递信息,吸引受众的注意。另外,针对演讲的场地和受众的不同,演讲者还要及时调整所要表达的内容。演讲时,演讲者在语言表达上要形象生动,有感染力,控制好语调的高低和语速的快慢。在沟通上,应和受众有一定互动,在吸引受众注意力的同时,积极地传递信息,加强交流感。在活跃度上,配合一定的肢体语言,强化演讲效果。

科学的颂歌

〔德〕爱因斯坦

看到你们这支以应用科学为自己专业的青年人的兴旺队伍,我感到十分高兴。

我可以唱一首赞美诗,反复颂扬应用科学已达到的辉煌成就和你们将要进一步取得的巨大进展。我们的确是生活在应用科学的时代和应用科学的家乡。

但是我不想这样来谈。我倒是想起了那个娶了个不太漂亮的妻子的青年人，当人家问他是否感到幸福时，他用了这样的话来回答："如果我要说真话，我就不得不扯谎。"

我也正是这样。试想，一个很不开化的印第安人的经验是否不如一般文明人幸福呢？我想并不是。文明国家的儿童都那么喜欢扮"印第安人"玩，意味是深长的。

这样了不起的应用科学，既节约了劳动力，又使生活变得更加舒服，却为什么给我们那么少的幸福呢？坦率的回答是，因为我们还没有学会合理地去使用它。

在战争中，它被用来相互残杀、毒害；在和平时，它使生活促迫而不安定。它不是把我们从耗费精力的劳动中大大地解放出来，却使人成为机器的奴隶：绝大部分情况下总是在厌倦地完成他们冗长单调的工作，还必须经常为那一点可怜的口粮而担心。

你们会以为，我这老头是在唱不吉利的调子。但我却只是想作点善意的忠告。

为了使你们的工作增进人类的幸福，你们只懂得应用科学是不够的。关心人本身及其命运，应当始终成为一切技术上奋斗的主要目标；关心组织劳动和产品分配这个重大的尚未解决的问题才能保证我们智慧的产物会促进人类幸福，而不致成为祸害。在你们埋头于图表和方程式中时，千万不要忘记了这一点。

世界上人们最恐惧的事情

杨 澜

既然是在《超级演说家》这样一个场合，我想问问当你第一次需要当众演讲时，你紧张或者害怕吗？请举手，我几乎看到了所有的人，这说明了一个很重要的问题，那就是你很正常。

因为演讲真的不是一件容易的事情，有心理学家曾经做过这样的统计，在人们感到最恐惧的事情当中，当然有死亡，但是它居然只列在第二位，列在第一位的就是当众讲话。即使是最伟大的演说家，比如说丘吉尔，他也说过这样的话，他说人生中有三件最难的事情，第一件爬上一堵向你倾倒的墙，第二吻一个决心要离开你的姑娘，第三个就是当众讲话，其实就算是当众讲话很多年，你也会遇到一些尴尬。

比如说突然脑子中一片空白啊，突然忘词了，不知道该怎么样进行下去了，我就遭遇过好几次这样的状况，但是比这样的状况更糟糕的你知道是什么吗？就是这个时候你的搭档也忘词了。我有一次和黄宏主持一个很大的晚会，然后呢应该他来介绍下一位致辞的嘉宾，他就说接下来某某协会的主席将为我们致辞，但他突然忘了人家叫什么了，他就说“杨澜我考考你，他叫什么呢”，我心想“我真没背你的词儿啊，我也不知道”，我就一个非常本能的反应，我说“总不会是你吧”，他这时候知道我也不知道是谁，不过他的反应也很快，他就说“我说的是这一届的，不是下一届的”，就在这个时候这位主席先生啊，也觉得有点尴尬，不好意思，他主动上来救场，“该我说话了”，他上来总算给我们解了围。

所以你看，其实当众讲话是一件不那么容易的事情。那么说到演讲,我们究竟恐惧什么呢?我们真的是怕自己说错话?其实也未见得,我们更怕的是别人对我们的批判和反应,别人会喜欢我吗?别人会认同我吗?别人会嘲笑我吗?别人会挖苦我吗?我们担心的是这样的一些事情,但是其实我想说打动人的永远都不是口才,而是你的真心与真情。当你在说自己的故事的时候,这个世界上还有谁比你更能是这方面的专家呢?所以关于演讲,你只需要那么一点点勇气,不需要太大,只需要比你的恐惧多一点点。

谢谢大家!

[选自安徽卫视《超级演说家(第二季)》]

大国风范(节选)

陈秋实

我今天说大国风范,大国有没有它既定的标准?有,四个字,国富民强。大国,跟你的领土面积没关系,跟你的历史功绩没关系,大国只跟你的力量、跟你的胸怀、跟你的气魄有关。

中国有几千年的璀璨,也有几百年的屈辱,但是我们不应该因此就迷失了自己——过度的自卑或者过度的自大。不管发生任何事情,我们千万不能忘了,我们是一个大国。大国的风范,到底从哪里来啊?大国的风范就从你我中来,中国再大也不过是由亿万个你我组成的,我们什么样,中国就什么样。中国在哪儿?中国在你我脚下,在你我心里,中国人走到哪里中国就在哪里。什么是大国风范?我相信,只要亿万个你我,有风骨有风度,中国必然有风范。

一个真正的大国应该做到:对内,人民安居乐业,国富民强;

对外，不仅能生产出优质的产品，还能输出先进的社会制度和价值观。一个真正的大国，应该有实力、有胸怀、有气魄，带领着全人类走向更加辉煌的未来。……一个懂得尊重思想的民族，才能产生伟大的思想，一个拥有伟大思想的国家，才有可能拥有不断前行的力量。

[选自安徽卫视《超级演说家(第二季)》]

第五章　形体训练

一、站姿训练

(一)靠墙立

后脑、双肩、臀、小腿、脚跟五点紧靠墙面。双腿夹紧,挺胸收腹,收紧臀部,双肩下沉,下颌略回收。站立时,上体挺拔,保持头、躯干和腿在一条垂直线上。如图 5-1 所示。

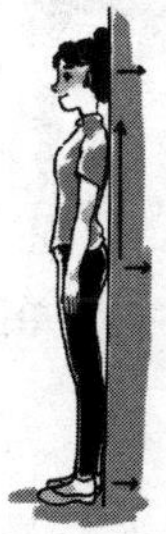

图 5-1　靠墙立

(二)提脚跟立

双手叉腰,双脚后跟尽量提高,重心要稳,身体不晃动。如图 5-2 所示。

图 5-2　提脚跟立

（三）单腿立

一腿支撑，另一腿屈膝上抬，绷紧脚尖，双手叉腰。如图 5-3 所示。

图 5-3　单腿立

（四）收腹拉伸立

感受头顶中间仿佛有一根绳子向上拉动肢体，随着上拉有身体逐渐上升的感觉。双肩放松下沉，腰背自然挺立，双手叉腰，让背部、腰部、腹部、臀部都向中间收紧，有很强的绷紧的感觉。如图 5-4 所示。

图 5-4　收腹拉伸立

二、走姿训练

（一）平衡感

把一本书放在头顶上，保持脊背伸展，头部端正，身体向上提起，双眼直视前方，手可以叉腰也可以自然下垂，沿一条直线向前行走。如图 5-5 所示。

图 5-5　平衡感走姿训练

（二）稳定感

双手叉腰，头、颈、腰、臀、腿成一条直线，下颌微收，提脚尖向前行走，收紧大腿内侧肌肉和肩胛肌，脚背绷直。如图 5-6 所示。

图 5-6　稳定感走姿训练

三、手部训练

（一）甩手法

将双手放在胸前激烈地甩动手腕，促进手部血液循环，保证血液畅通。如图 5-7 所示。

图 5-7　甩手法

（二）拉指法

将每一个手指用力向外拉直，可以帮助手指血液循环畅通，强健韧带。如图 5-8 所示。

图 5-8　拉指法

(三) 抛球法

双手握在胸前,感觉手中紧握着一个小球,默数五个数后,张开五指将球抛向最远处。用这种方法可以锻炼手部灵活度、柔韧度,加强手腕力度。如图 5-9 所示。

图 5-9　抛球法

四、眼神训练

以一个运动物体为参照物,比如飞翔的小鸟、拍打的篮球、在球赛上来回跳动的乒乓球,用积极的目光追随,以此锻炼眼神的集中性和灵活性。如图 5-10 所示。

图 5-10　眼神训练

五、身体部位训练

（一）颈部

将头部最大限度地顺时针转动 15 下，然后再逆时针转动 15 下。如图 5-11 所示。

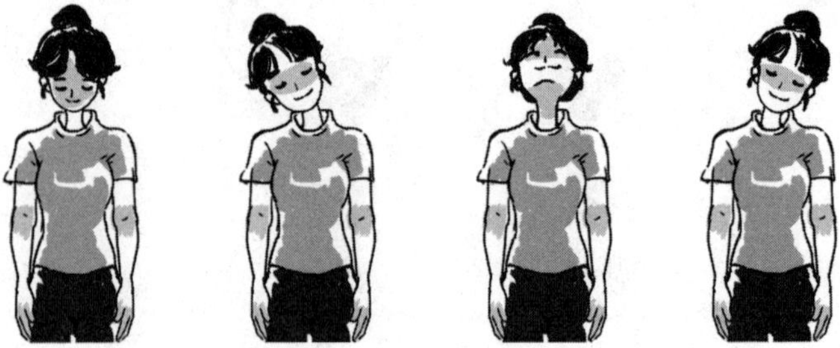

图 5-11　颈部练习①

双手交叉置于脑后，下颌贴胸上部，双手向下压头部然后抬头后仰。每分钟 5—10 次。如图 5-12 所示。

图 5-12　颈部练习②

（二）肩部

1.臂回环

双腿自然站立，双手握拳。然后伸直双臂，做大回环运动，直到感觉疲劳为止。每分钟环绕 40 次以上。如图 5-13 所示。

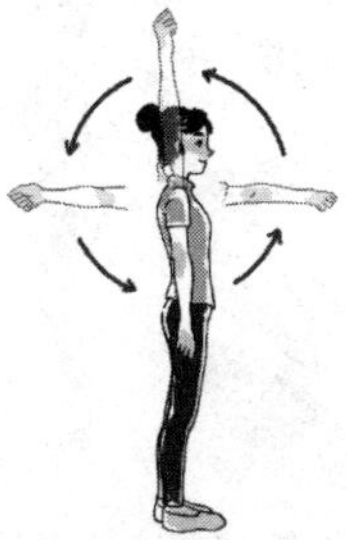

图 5-13　臂回环

2.双臂交叉侧平举

紧握双拳，做直臂体前迅速交叉动作，以每分钟 40 次为宜。如图 5-14 所示。

图 5-14　双臂交叉侧平举

(三)臀部

1.宽距深蹲

双脚打开,宽于肩距,然后下蹲至膝盖小于 90°角后迅速直立起。如图 5-15 所示。

图 5-15　宽距深蹲

2.跳蹲

在上述深蹲的基础上增加一个跳跃动作,这样会对臀部肌肉产生更多的刺激。动作要求与宽距深蹲相同。如图 5-16 所示。

图 5-16　跳蹲

3.单脚蹲

用一只脚踏地支撑,另一只脚离开地面。靠支撑脚下蹲至膝盖小于 90°角,然后再直立起。运动能力稍弱者可以选择靠球或者靠墙单脚深蹲。如图 5-17 所示。

图 5-17　单脚蹲

4.直立后抬腿

在做这个动作的时候,后抬的腿要尽量伸直向后抬起,并保持躯干稳定。如图 5-18 所示。

图 5-18　直立后抬腿

（四）腿部

1.双腿夹纸

站立时，在双腿间夹上一张纸，保持双腿不松，纸不掉。这一动作旨在训练腿部的控制能力。如图 5-19 所示。

图 5-19　双腿夹纸

2.侧举练习

一手扶支撑物，另一手撑腰，用力摆腿做侧上举动作。两腿交替进行。每分钟 25—30 次。如图 5-20 所示。

图 5-20　侧举练习

3.下蹲练习

双手握椅背下蹲，然后站起，再下蹲，如此反复。每分钟 25—30 次。如图 5-21 所示。

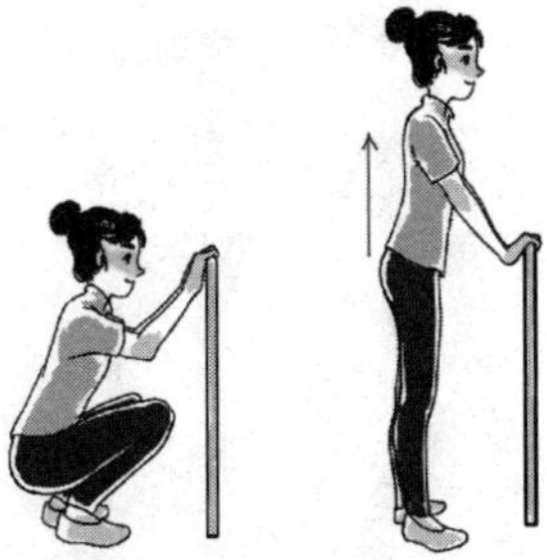

图 5-21　下蹲练习

4.后跟前行

上体前倾，脚跟着地，脚尖朝上，用脚后跟向前走动。如图 5-22 所示。

图 5-22　后跟前行

5.平衡练习

双手扶一固定物体，前脚掌踩在一个大约 10 厘米高的物体上，脚跟悬空。将脚跟提起，尽量抬高，稍停后下落。注意保持平衡，不要左右摆动。每分钟做 15—20 次。如图 5-23 所示。

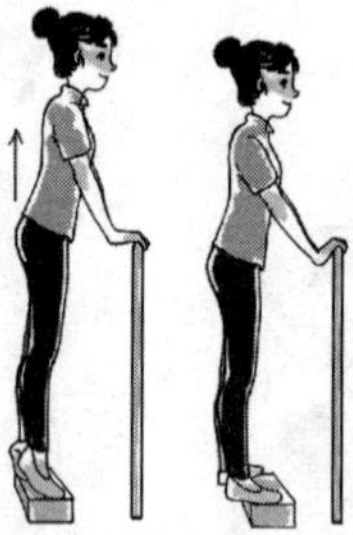

图 5-23　平衡练习

（五）走姿

1.女性走姿

女性步伐要轻盈，步幅一般在 30 厘米左右，每分钟 118—120 步，可根据所穿鞋的鞋跟高度进行适当调整。走姿为“一字步”，即行走时两脚内侧在一条直线上，收腰提臀，肩外展，头正颈直，微收下颌，两手前后自然协调摆动，手臂与身体的夹角一般在 10°—15°,由大臂带动小臂摆动,肘关节可微曲。如图 5-24 所示。

图 5-24　女性走姿

2.男性走姿

男性步伐要雄健有力,以展现雄姿英发、英武刚健的阳刚之美。步幅一般在 50 厘米左右,每分钟 108—118 步。走姿为“平行步”,即行走时双脚各踏出一条直线,使之平行,步伐快而不乱。用小臂带动大臂自然摆动,幅度大概是前摆向里折 35°,后摆向后约 15°。摆动手臂的时候,肩膀不要摇晃,不能夹着手臂,不可把手抱在胸前或是倒背着双手走路。如图 5-25 所示。

与女士同行时,男士步子应与女士保持一致。

图 5-25　男性走姿

第六章　嗓音的保护

我国著名京剧表演艺术家梅兰芳先生在嗓音的保健上十分有见地,他的经验可以概括为以下几点:精神畅快、心气平和、饮食有节、寒暖当心、起居以时、劳逸均匀、练嗓保嗓、学贵有恒。由此可见,良好的生活习惯对嗓音的保护具有重要作用。

一、不要用嗓过度

常发超过本人能力范围的音高、音强和音色,喉肌会感到疲劳,在这种情况下继续发声,会加重喉肌的负担。

二、掌握正确的发音方法

掌握正确的发音方法也能起到保护嗓音的作用。正确的发音方法是指完全打开声带后再大声说话;同时加强呼吸训练,掌握正确的胸腹式联合呼吸法,做到声气协调配合。注意,应避免用力清喉咙、咳嗽等动作。

三、培养良好的饮食习惯

(1)不吸烟、不喝酒、不食用辛辣食物,因为烟酒和辛辣味会刺激气管、喉头与声带。

(2)吃较软的食物,尽量少吃油炸类、硬且干燥的食物,以免对喉咙造成机械性损伤。

(3)餐后漱口或刷牙,保持口腔湿度和清洁度。

(4)大量用嗓后不要马上喝冷饮,因为骤冷骤热会使喉部肌肉产生不正常的收缩、血管痉挛,造成血液循环受阻,进而引发声带充血、声带肥厚、声带小结等问题。

四、保证充足的睡眠和休息时间

充足的睡眠是人们恢复体力的关键。发声是一项全身心的运动,睡眠不足会导致血液中的酸性物质增多,引起喉肌疲劳,影响工作。

五、加强体育锻炼

加强体育锻炼能提高身体的抗病、抗寒能力,预防感冒和呼吸道疾病。感冒会引发上呼吸道感染,使咽喉部出现炎症,声带充血,甚至造成声带病变。同时,运动还能锻炼发声器官,增加肌肉的弹性,提高肺活量,这对用声时的气息控制十分有利。

六、保持愉快的心情

不良的情绪会伤害体内脏器,使喉肌疲劳、声带闭合不良、嗓子沙哑等。中医上常说的“暴怒失音,恸泣失声”就是最好的例证。保证身体健康的同时,还要注意精神和心理的健康,只有身心健康才有利于嗓音的养护。

七、谨防出现对发音器官有伤害的疾病

咽喉炎、扁桃体炎、鼻炎等疾病会在很大程度上影响发音器官,使声带出现小结、水肿等问题,严重的甚至使人无法从事有声语言艺术工作。因此,一旦嗓子感到不适就要及时去医院检查,以免造成不良后果。

八、女生妊娠期、经期不可用嗓过度

女性在妊娠期、经期等特殊生理期时,毛细血管壁比平时脆弱,一旦过度用嗓、声音过高,就会造成声带充血、声音沙哑。若声带长期损伤未愈,还会影响音色。

附 录

一、普通话易读错的字音

b

卑鄙(bǐ)　摒(bìng)弃　蹩(bié)脚　巨擘(bò)　鱼鳔(biào)

征辟(bì)　裨(bì)益　荫(yìn)庇(bì)　稗(bài)官野史　法家拂(bì)士

p

迫(pǎi)击炮　癖(pǐ)好　扁(piān)舟　劈(pǐ)账　喷(pèn)香

剽(piāo)窃　骠(piào)骑(qí)　翩(piān)跹(xiān)　裨(pí)将　曝(pù)晒

滂(pāng)沱(tuó)　毗(pí)邻　坯(pī)胎　一瞥(piē)　风尘仆仆(pú)

否(pǐ)极泰来　大腹便便(pián)　朴(pō)刀　暴虎冯(píng)河　前仆(pū)后继

m

愤懑(mèn)　蒙(méng)难　蔓(mán)菁　消弭(mǐ)　模(mú)样

蓦(mò)然　萎靡(mǐ)　埋(mán)怨　秣(mò)马厉兵

酩(mǐng)酊(dǐng)大醉　风靡(mǐ)一时　扪(mén)心自问

f

蜚(fēi)声　氛(fēn)围　怫(fú)然　果脯(fǔ)　藩(fān)篱

祓(fú)除 渔父(fǔ) 讣(fù)告

d

装订(dìng) 胴(dòng)体 句读(dòu) 苏打(dá) 当(dàng)真
危殆(dài) 安步当(dàng)车 殚(dān)精竭虑 澄(dèng)沙 笃(dǔ)信
咄(duō)咄怪事 长歌当(dàng)哭 锐不可当(dāng) 斗(dòu)鸡走狗
度(duó)德量(liàng)力

t

趿(tā)拉 拓(tà)本 叨(tāo)扰 字帖(tiè) 悲恸(tòng)
荼(tú)毒 暴殄(tiǎn)天物 拖沓(tà) 一塌(tā)糊涂 大张挞(tà)伐

n

老衲(nà) 拘泥(nì) 羞赧(nǎn) 袅(niǎo)娜(nuó) 泥淖(nào)
亲昵(nì) 嗫(niè)嚅(rú) 木讷(nè) 宁(nìng)愿 呶(náo)呶不休

l

端量(liang) 唠(láo)叨 入殓(liàn) 棕榈(lǘ) 书声琅(láng)琅
雕镂(lòu) 仓廪(lǐn) 潋(liàn)滟 勒(lè)索 勒(lēi)紧
落(lào)色(shǎi) 迤逦(lǐ) 遴(lín)选 果实累(léi)累 弄(lòng)堂

g

准噶(gá)尔 脖颈儿(gěngr) 勾(gòu)当 刽(guì)子手 骨(gǔ)气
商贾(gǔ) 纠葛(gé) 女红(gōng) 供(gōng)销 皈(guī)依
言简意赅(gāi) 觥(gōng)筹交错 聒(guō)噪 力能扛(gāng)鼎
百舸(gě)争流

k

揩(kāi)拭　岿(kuī)然　窠(kē)臼　溘(kè)然长逝　克(kè)扣

恪(kè)守　感喟(kuì)　可(kè)汗(hán)　戎马倥(kǒng)偬(zǒng)

h

呵(hē)欠　尸骸(hái)　道行(heng)　华(huà)山　回纥(hé)

巷(hàng)道　豢(huàn)养　一丘之貉(hé)　横(hèng)财　诨(hùn)号

树行(hàng)子　哄(hōng)抢　菡(hàn)萏(dàn)　内讧(hòng)

浑浑(hún)噩噩　飞来横(hèng)祸

j

攻讦(jié)　窗明几(jī)净　汗流浃(jiā)背　粳(jīng)米　强劲(jìng)

痉(jìng)挛　龃(jǔ)龉　镌(juān)刻　通缉(jī)　嫉(jí)妒

龟(jūn)裂　太监(jiàn)　僭(jiàn)越　饥馑(jǐn)　茎(jīng)叶

劲(jìng)敌　渐(jiān)染　信笺(jiān)　草菅(jiān)人命　流水浅浅(jiān)

杀一儆(jǐng)百　泾(jīng)渭(wèi)分明　国子监(jiàn)　校(jiào)勘

自刭(jǐng)　贫瘠(jí)　慰藉(jiè)　解(jiè)元

q

龟(qiū)兹(cí)　曲(qū)尽其妙　强(qiǎng)迫　黢(qū)黑　祛(qū)除

翘(qiáo)楚　讥诮(qiào)　掮(qián)客　胆怯(qiè)　躯壳(qiào)

绮(qǐ)丽　关卡(qiǎ)　衾(qīn)枕　戕(qiāng)害　勉强(qiǎng)

潜(qián)质　黥(qíng)刑　悭(qiān)吝　悄(qiǎo)然　挈(qiè)妇将雏

缱(qiǎn)绻(quǎn)　锲(qiè)而不舍　呼天抢(qiāng)地

x

狡黠(xiá)　鲜(xiǎn)有　舷(xián)窗　翩跹(xiān)　弓弦(xián)

纸屑(xiè)　铜臭(xiù)　戏谑(xuè)　体恤(xù)　肖(xiào)像

叶(xié)韵　眩(xuàn)晕(yùn)　星宿(xiù)　煊(xuān)赫　徇(xùn)私舞弊

洞穴(xué)　骁(xiāo)勇　日削(xuē)月割　跑马卖解(xiè)　瑕(xiá)不掩瑜(yú)

zh

胡诌(zhōu)　压轴(zhòu)　贮(zhù)藏　伫(zhù)立　谆(zhūn)谆

轧(zhá)钢　笨拙(zhuō)　饮鸩(zhèn)止渴　款识(zhì)　鳞次栉(zhì)比

中(zhōng)听　中(zhòng)肯　贬谪(zhé)　不着(zhuó)边际　弄巧成拙(zhuō)

诤(zhèng)言　症(zhēng)结　砧(zhēn)板　卷帙(zhì)浩繁　着(zhāo)数

择(zhái)菜　教学相长(zhǎng)

ch

踟(chí)蹰(chú)　创(chuāng)伤　刹(chà)那　嗔(chēn)怒　鞭笞(chī)

乘(chéng)警　骋(chěng)怀　人影幢(chuáng)幢　相形见绌(chù)　废黜(chù)

啜(chuò)泣　炽(chì)热　整饬(chì)　椎(chuí)心泣血　大乘(chéng)

场(cháng)院　攒(cuán)射　为(wèi)虎作伥(chāng)　奢侈(chǐ)

踌(chóu)躇(chú)　六畜(chù)兴旺　空欢喜一场(cháng)

忧心忡(chōng)忡　差(chā)可告慰

sh

刷(shuà)白　洗涮(shuàn)　折(shé)耗　舍(shè)利子　吮(shǔn)吸

狩(shòu)猎　数(shuò)见不鲜　禅(shàn)让　谥(shì)号　有恃(shì)无恐

众口铄(shuò)金　鞭鞘(shāo)　少(shǎo)安毋躁　赊(shē)欠　数(shǔ)典忘祖

r

攘(rǎng)除　偌(ruò)大　稔(rěn)知　冗(rǒng)长　妊(rèn)娠(shēn)

繁文缛(rù)节　坚忍(rěn)不拔

z

登载(zǎi) 装载(zài) 恣(zì)意 谮(zèn)言 憎(zēng)恨

咋(zé)舌 渣滓(zǐ) 帝祚(zuò) 包扎(zā) 锃(zèng)亮

付梓(zǐ) 文以载(zài)道

c

嘈(cáo)杂 烟囱(cōng) 淙(cóng)淙流水 皴(cūn)裂 忖(cǔn)度

s

缫(sāo)丝 稼穑(sè) 堵塞(sè) 塑(sù)料 簌(sù)簌

y

倾轧(yà) 笑靥(yè) 窈(yǎo)窕(tiǎo) 友谊(yì) 锁钥(yuè)

游弋(yì) 应(yìng)用 晕(yùn)车 迤(yǐ)逦(lǐ) 揶(yé)揄(yú)

宽宥(yòu) 旖(yǐ)旎(nǐ) 佣(yōng)人 黝(yǒu)黑 瘐(yǔ)毙

伛(yǔ)偻(lǚ) 氤(yīn)氲(yūn) 月晕(yùn) 荫(yìn)蔽 梦魇(yǎn)

寿筵(yán) 揠(yà)苗助长 怏怏(yàng)不乐 自怨自艾(yì)

窈(yǎo)窕(tǎo)淑女

w

欺侮(wǔ) 崔嵬(wéi) 圩(wéi)田 藤蔓(wàn) 逶(wēi)迤(yí)

a

挨(ái)饿 白雪皑皑(ái) 谙(ān)熟 熬(āo)菜 拗(ǎo)过去 拗(ào)口

o

讴(ōu)歌　怄(òu)气

e

阿(ē)谀　婀(ē)娜　讹(é)诈　扼(è)要

二、易读错的地名

安徽	蚌(bèng)埠	六(lù)安	亳(bó)州	涡(guō)阳
	歙(shè)县	黟(yī)县	砀(dàng)山	枞(zōng)阳
	濉(suī)溪			
山东	鄄(juàn)城	临朐(qú)	徂(cú)徕(lài)	兖(yǎn)州
	莒(jǔ)县	茌(chí)平		
江苏	甪(lù)直	溧(lì)阳	邳(pī)州	邗(hán)江
	盱(xū)眙(yí)	氾(fàn)水		
浙江	嵊(shèng)州	鄞(yín)州	丽(lí)水	台(tāi)州
江西	婺(wù)源	铅(yán)山		
河南	柘(zhè)城	武陟(zhì)	荥(xíng)阳	浚(xùn)县
湖南	筻(gàng)口	枨(chéng)冲	郴(chēn)州	耒(lěi)阳
四川	犍(qián)为	邛(qióng)崃(lái)	郫(pí)县	珙(gǒng)县
河北	鄚(mào)州	井陉(xíng)	蠡(lǐ)县	蔚(yù)县
重庆	涪(fú)陵			
内蒙古	巴彦淖(nào)尔			
新疆	巴音郭楞(léng)			
海南	儋(dān)州			

续表

湖北	郧(yún)县
上海	莘(xīn)庄
山西	隰(xí)县
天津	泃(jū)河
香港	尖沙咀(zuǐ)
澳门	氹(dàng)仔

三、易读错的姓氏

(一)读音相异

仇(Qiú)	朴(Piáo)	查(Zhā)	单(Shàn)	阿(Ē)
解(Xiè)	区(Ōu)	繁(Pó)	瞿(Qú)	勾(Gòu)
员(Yùn)	能(Nài)	阚(Kàn)	都(Dū)	缪(Miào)
乜(Niè)				

(二)声调不同

任(Rén)	要(Yāo)	应(Yīng)	訾(Zī)	谌(Chén)
华(Huà)	过(Guō)	曲(Qū)	哈(Hǎ)	钻(Zuān)

(三)双音双姓

隗(Kuí/Wěi)	盖(Gě/Gài)	乐(Yuè/Lè)	种(Chóng/Zhǒng)	纪(Jǐ/Jì)
折(Shé/Zhé)	召(Shào/Zhào)	覃(Tán/Qín)		

(四)容易错认

郄(Qiè)	殳(Shū)	逄(Páng)	郜(Gào)	昝(Zǎn)
郏(Jiá)	妫(Guī)	郗(Xī)	璩(Qú)	桓(Huán)
麹(Qū)	郦(Lì)	郤(Xì)	逯(Lù)	蒯(Kuǎi)
厍(Shè)				

(五)复姓

令狐(Línghú)	尉迟(Yùchí)	万俟(Mòqí)	宰父(Zǎifǔ)	毌丘(Guànqiū)
澹台(Tántái)	皇甫(Huángfǔ)	亓官(Qíguān)	长孙(Zhǎngsūn)	

(六)其他姓氏

吞(Tūn)	卜(Bǔ)	迮(Zé)	啜(Chuài)	术(Zhú)

五、易读错的少数民族名称

傣(dǎi)族	侗(dòng)族	拉(lā)祜(hù)族	傈(lì)僳(sù)族	珞(luò)巴族
畲(shē)族	彝(yí)族	佤(wǎ)族	仡(gē)佬族	仫(mù)佬族
羌(qiāng)族	达斡(wò)尔族			

参考书目

[1]张颂.中国播音学[M].北京:北京广播学院出版社,2003.

[2]王峥.语音发声科学训练[M].2版.北京:中国传媒大学出版社,2014.

[3]王璐,吴洁茹.语音发声[M].3版.北京:中国传媒大学出版社,2014.

[4]邢捍国.方音矫正[M].北京:中国传媒大学出版社,2013.

[5]李秀然.普通话口语训练教程[M].北京:中国传媒大学出版社,2013.

[6]姚喜双.普通话口语教程[M].北京:高等教育出版社,2009.

[7]中国传媒大学播音主持艺术学院.播音主持创作基础[M].北京:中国传媒大学出版社,2015.

[8]柴璠.播音语言表达技巧[M].北京:中国广播电视出版社,2002.

[9]贾宁.播音员主持人稿件表达方法与技巧[M].北京:中国传媒大学出版社,2013.

[10]彭莉佳.嗓音的科学训练与保健[M].上海:上海音乐学院出版社,2005.

[11]李洪岩.诗歌朗诵技巧[M].2版.北京:中国广播电视出版社,2012.

图书在版编目(CIP)数据

语音发声晨练手册/曲玮婧编著. --北京:中国传媒大学出版社,2020.6(2024.6重印)

ISBN 978-7-5657-2693-4

Ⅰ. ①语… Ⅱ. ①曲… Ⅲ. ①播音—发声法—手册 ②主持人—发声法—手册 Ⅳ. ①G222.2-62

中国版本图书馆CIP数据核字(2020)第045388号

语音发声晨练手册

YUYIN FASHENG CHENLIAN SHOUCE

编　　著	曲玮婧
策划编辑	李水仙
责任编辑	李水仙
封面设计	拓美设计
责任印制	李志鹏

出版发行	中国传媒大学出版社		
社　　址	北京市朝阳区定福庄东街1号	**邮　　编**	100024
电　　话	86-10-65450528　65450532	**传　　真**	65779405
网　　址	http://cucp.cuc.edu.cn		
经　　销	全国新华书店		

印　　刷	三河市东方印刷有限公司
开　　本	850mm×1168mm　1/32
印　　张	6.25
字　　数	130千字
版　　次	2020年6月第1版
印　　次	2024年6月第5次印刷

书　　号	ISBN 978-7-5657-2693-4/G·2693	**定　　价**	32.00元

本社法律顾问:北京嘉润律师事务所　郭建平